Wolfgang Hering

Fingerspiele von fern und nah

Spielverse und Bewegungslieder aus 30 Ländern von Hamburg bis Hawaii

Illustrationen: Kasia Sander

Ökotopia Verlag, Münster

Impressum

Autor: Wolfgang Hering
Illustrationen: Kasia Sander
Satz: Hain-Team, Weimar
Herausgeber: BBS – Buchwerk Bernhard Schön, Idstein
ISBN: 978-3-86702-071-8

2 3 4 5 6 7 8 9 • 14 13 12 11 10

CD Fingerspiel-Lieder von fern und nah
ISBN 978-3-86702-072-5

Inhalt

Vorwort

Fingerspiele – ein vielfältiges Lernfeld

Fingerspiele sind eine wunderbare Möglichkeit, besonders kleine Kinder anzusprechen, zu unterhalten, aber auch zu beruhigen. Das kleine Theater mit den Händen regt nicht nur die Motorik an, sondern übt das Sprachverhalten und aktiviert die sinnliche Wahrnehmung. Immer sind kommunikative Momente enthalten. Auch andere Kulturen kennen seit vielen Generationen diese spielerische Beschäftigung von Erwachsenen mit ihren Kindern.

Meine Zusammenstellung bringt in den ersten vier Kapiteln Themen wie Reisen, Tiere aus der ganzen Welt, Sommer und Winter. Anschließend gibt es Verse aus vielen verschiedenen Ländern – zunächst den Nachbarstaaten, dann fernen Regionen: Knapp dreißig Sprachen sind vertreten, eine „Fundgrube" für vielfältige Fingerspiele.

Neben neuen und überlieferten Stücken stehen vor allem Fingerspiele, die ich aus anderen Sprachen ins Deutsche übertragen habe. Viele eigenständige Spielgedichte sind entstanden, die auch ohne die Kenntnis der Originalfassung funktionieren. Die Spiel- und Bewegungsideen in den fremdsprachigen Stücken leben häufig vom witzigen Klang der Wörter – wie deutsche Fingerspiele auch. Da jede Sprache ihre eigentümlichen Lautspiele und Metaphern hat, kann die Übertragung ins Deutsche nie eine genaue Übersetzung sein. Erhalten bleibt in der Regel der Bewegungsablauf. Manchmal habe ich eigene Reime und zusätzliche Verse hinzugedichtet. Bei der Bearbeitung überlieferter deutscher Stücke war es mir ebenfalls wichtig, dass Wortwahl und Grammatik möglichst stimmen, das Versmaß passt und die Begriffe für Kinder verständlich sind. Gerade kleinere Kinder brauchen Sicherheit beim Sprachrhythmus. Außerdem ist es einfacher, dann den Text auswendig zu lernen. Sie können mit vielen Stücken auch gut eine kleine „Länderreise der Hände" machen. Und: Fast alle Verse sind in der Sprachförderung einsetzbar. So lässt sich mit rhythmischen Spielideen Sprache lebendig und abwechslungsreich gestalten.

Betreuung der Jüngeren

Kinder sollen heute schon frühzeitig auch außerhalb der Familie betreut und gefördert werden. Überall entstehen neue Krippenplätze, das Angebot an Tageseltern wird ausgebaut. Eine zentrale Rolle spielt dabei die altersgemäße und kompetente Betreuung. Ich möchte mit meiner Materialsammlung einen Betrag dazu leisten, dass auch diese kleinen Kinder ernst genommen werden und die Betreuungspersonen sich auf deren Lebenswelt einlassen. Achten Sie bei all den Diskussionen um möglichst frühe Lernangebote darauf, dass die Kinder liebevoll gefördert, aber nicht überfordert werden.

Wichtig ist es, den Kindern in den ersten Jahren unterschiedliche Angebote zu machen. Bei meiner Sammlung von Fingerspielen beschränke ich mich weitgehend auf die Hände, versuche aber trotzdem Vielfalt vor allem im rhythmischen und musikalischen Bereich zu schaffen. Teilweise gehen die Spielgeschichten zunächst von den

Händen aus und können dann im nächsten Schritt mit mehr Motorik dargestellt werden. Die Erfahrung zeigt: Auch die Kleinsten können schon vieles übernehmen. Mit solchen Angeboten werden Kinder motiviert, präzise zu artikulieren, lebendiges Sprechen zu üben, die Beziehung von Verstehen und Kommunizieren und die Feinmotorik zu trainieren, ein Gruppengefühl zu entwickeln und auch zu lernen, was oben, unten, vorn, hinten ... bedeutet. Und auch die Gefühlsebene spielt eine große Rolle: Bei spannenden, traurigen oder lustigen Fingerspielen lernen die Kinder, Mimik und Gestik mit Sprache zu verbinden.

Andere Kulturen

Kinderspiele zum Bewegen und Klatschen gibt es in allen Kulturen. Besonders Fingerspiele haben einen großen Stellenwert. Die Abläufe sind oft erstaunlich ähnlich, z. B. gibt es in vielen Sprachen Fassungen von „Das ist der Daumen". Ich kenne Varianten aus Russland, Ungarn, Italien und Spanien. Tiere aus dem Umfeld der Kinder wie Katzen und Mäuse spielen überall eine Rolle; fast jedes Land hat ein Fingerspiel über Schmetterlinge oder Hühner. Viele Stücke greifen Bilder aus der Natur auf und erzählen kleine Geschichten auf engstem Raum. Die Finger drücken die Verschiedenheit der Menschen aus, der dicke Daumen, der herausgehobene Zeigefinger, der große Mittelfinger, danach der unscheinbare Ringfinger und schließlich der Kleinste, der oft die Sichtweise eines Kindes übernimmt oder ein bisschen vorwitzig ist.

Aus Gründen der Lesbarkeit haben wir bei längeren Stücken teilweise Originaltexte nicht vollständig abgedruckt. Trotzdem können Sie die Rhythmik und den einmaligen Klang der jeweiligen Sprache kennen lernen.

Meine Auswahl kann nicht vollständig sein. Ich bitte um Nachsicht, wenn ich nicht alle Länder berücksichtigt habe. Ich freue mich, wenn Sie mir Korrekturen bzw. andere Fassungen zusenden (per E-Mail: wolfhering@aol.com) Ein Schwerpunkt liegt auf den bei uns häufigsten Fremdsprachen: Englisch, Französisch und Spanisch haben jeweils ein eigenes Kapitel. Solche Stücke lassen sich auch gut im Unterricht der jeweiligen Sprache einsetzen.

Praktische Hinweise

Sollten Sie das Fingerspiel auswendig können? Ich persönlich lege mir zunächst einen neuen Text meist vergrößert als Vorlage auf den Boden und probiere ihn dann mit Kindergruppen aus. Kommt das Stück gut an, kann ich es irgendwann auch frei sprechen, ggf. nehme ich Korrekturen und Veränderungen vor. Ich möchte Sie dazu ermuntern, das ausgesuchte Fingerspiel auch mit anderen Bewegungselementen zu interpretieren. Lassen Sie Teile weg, ergänzen oder verändern Sie einzelne Passagen. Meine Spielanregungen *(in kursiver Schrift ohne Klammern)* beschränken sich auf das Wesentliche.

Wenn Sie Muttersprachler in Ihrem pädagogischen Umfeld haben, nutzen Sie diese Kompetenzen. Fragen Sie Eltern oder Verwandte von Kindern in Ihrer Einrichtung oder Ihrem Bekanntenkreis. Vielleicht ist ein Fingerspiel in diesem Buch der Anlass, über Kindheitserinnerungen ins Gespräch zu kommen. Kinder aus Migrantenfamilien können dadurch eine besondere Wertschätzung ihres kulturellen Hintergrunds erfahren. Fragen Sie die Mütter oder Väter nach dem kompletten Originaltext des Stückes (oder die von ihnen erinnerte Fassung), und lassen Sie die anderen Kinder an dem Klang der fremden Laute teilnehmen.

Die englischen Fingerspiele dürften für die meisten verständlich sein; deshalb habe ich hier auf eine wörtliche Übersetzung verzichtet. In einigen Sprachen werden die Versanfänge üblicherweise bei Gedichten groß geschrieben. Ich habe das für alle Texte einheitlich gehandhabt und Groß- und Kleinschreibung laut Sprachvorgabe verwendet.

Es gibt unterschiedliche Möglichkeiten, Fingerspiele in Szene zu setzen: Sie können die Finger kleinerer Kinder führen und ihnen beim Bewegen helfen; ab ca. drei Jahren imitieren die Kleinen Ihre Bewegungen und können auch den Text mitsprechen. Als Gruppenleitung können Sie mit einer Hand die andere steuern oder verschiedene Körperteile eigenständig präsentieren. Einzelne Textabschnitte lassen sich als Ganzkörperspiel gestalten. Kinder im Grundschulalter sind fähig, bereits eigene rhythmische Akzente zu setzen; die Schüler können eigene Interpretationen vorschlagen. Bei vielen Versen habe ich eine Rhythmisierung durch fett hervorgehobene Silben vorgenommen. Versuchen Sie, sich an einem Grundschlag zu orientieren. Beachten Sie auch hier das Prinzip, die Kinder immer da abzuholen, wo sie sich in ihrem Entwicklungsstadium befinden.

Selbstgebaute Püppchen eignen sich gut für eine Präsentation von vielen der hier aufgeführten Fingerspiele. Oder Sie spannen ein Leintuch und stecken durch zwei Löcher jeweils ausgediente Strümpfe, die sich in zwei Figuren verwandeln.

Die Fingerspiele ohne Autorenabgaben sind mündlich überliefert. Ich möchte allen danken, die mir mit Material, Tipps und Korrekturen geholfen haben, vor allem dem Verein „mehrSprache e. V." (Infos: www.mehrsprache.de), der alle fremdsprachigen Texte unter die Lupe genommen hat.

Mit den Kindern sollten Sie nicht zu tief singen. Von der CD können Sie – auch ohne Notenkenntnisse – die Lieder lernen. Es wäre schön, Sie würden sie dann, angepasst an ihre Kindergruppe, selbständig singen und mit ihren Händen die Bewegungen mitmachen. Sie merken schnell, mit welcher Begeisterung die Kinder bei der Sache sind. Ich wünsche mir und Ihnen einen bunten, lebendigen und kreativen Gebrauch der Fingerspiele von fern und nah.

1. Auf Reisen: Wir sind unterwegs

Komm, wir machen eine Reise

Nr. 1

Text/Musik: Wolfgang Hering

Refrain:
Komm, wir machen eine Reise,
hüpfen kurz mal um die Welt,
machen Stopp in andern Ländern,
schaun, was uns da grad gefällt.

Wir fahren zunächst nach Frankreich,
Paris ist dort sehr begehrt.
Menü gibt es oft im Restaurant,
und der Eiffelturm ist sehenswert.

In Spanien gibt es den Stierkampf,
Flamenco kennt fast jedes Kind.
Ganz wild wird dort Gitarre gespielt,
dazu getanzt wie der Wirbelwind.

Aus Italien kommen Spaghetti,
das Mittelmeer liegt drumherum.
Das Land sieht wie ein Stiefel aus,
und der Pisaturm ist richtig krumm.

In den Staaten gibt's den Dollar,
und Fernsehen läuft dort pausenlos.
Auf dem Highway fährt man langsam,
und Wolkenkratzer sind sehr groß.

In Brasilien hören sie Samba,
auch beim großen Karneval.
Selbst am Strand und auf der Wiese
spielt man Fußball überall.

Dann in Indien in den Städten
ist der Verkehr ganz dicht gedrängt.
Die Frauen tragen lange Röcke,
und Menschen leben sehr beengt.

Wir essen dann mit den Stäbchen,
China heißt das große Land.
Es gibt dort ganz verrückte Zeichen,
und Tischtennis ist sehr bekannt.

Auch Russland ist ganz riesig,
im Osten ist es bitterkalt.
Wer rausgeht, der braucht eine Mütze,
sonst erfrieren ihm die Ohren bald.

Es gibt so viele Länder,
was machen die Leute dort bloß?
Wer kann uns was erzählen,
denn überall ist etwas los.

Sie können zum Refrain mitpatschen und dann bei „Stopp" in die Hände klatschen. Denken Sie sich mit den Kindern zu den einzelnen Strophen Bewegungen aus, die Sie mit den Händen ausführen. Sie können die Länder auch auf einer Weltkarte oder einem Globus zeigen.

Heute fliegen wir

Wolfgang Hering

Das Flugzeug steht am Boden dort
und fliegt gleich fort zum andern Ort.
Es ist getankt mit sehr viel Sprit,
mal sehen, wer fliegt denn alles mit:
Erst kommt der schicke Kapitän.
Beginnen Sie mit dem Daumen
Sein Anzug ist auch wirklich schön.
Sein Copilot folgt auf dem Fuß
und winkt mit seiner Hand zum Gruß.
Der Zeigefinger folgt
Die Stewardessen kommen dann
und treten in der Schlange an.
Die restlichen drei Finger dieser Hand
Und dann gehen gleich darauf
die Passagiere die Treppe rauf.
Die Finger der anderen Hand
Sie suchen alle sich sofort
den zugewiesenen Platz an Bord
und schnallen sich umgehend an,
sodass der Start erfolgen kann.
Darauf zeigt gleich das Personal
Wieder die drei entsprechenden Finger
den Notfallplan wie jedes Mal.
Man hat's sich grad bequem gemacht,
da wird das Essen schon gebracht.
Und dazu gibt es auch ganz flink
einen selbst gewählten Drink.
Ein Glas andeuten
Plötzlich kommt ein Sturm daher,
und die Maschine wackelt sehr.
Beide Arme schwanken als Flügel
Es halten alle sich gut fest,
das Flugzeug, das besteht den Test.
Und schließlich setzt auch irgendwann
der Flieger zu der Landung an.
Alle steigen wieder aus
und freuen sich dann auf ihr Zuhaus.
Mit den Händen ein Haus andeuten

Fünf Finger machen Urlaub

Wolfgang Hering

Fünf Finger machen Urlaub hier,
es gibt gleich viel zu tun.
Wie kommen sie wohl an ihr Ziel,
das interessiert uns nun.

Der erste zieht Wanderschuhe an,
braucht einen Rucksack bloß,
mit Wasserflasche für den Durst,
so läuft er einfach los.

Der zweite mag die Eisenbahn,
weil er da schlafen kann.
Er wechselt auch mal seinen Zug
und kommt gemütlich an.

Der dritte schippert mit dem Schiff,
sagt gern dem Land ade.
Auch wenn's mal hohe Wellen gibt,
fühlt er sich wohl auf See.

Der vierte steigt ins Flugzeug ein,
so was ist interessant.
Er fliegt ganz lang und landet dann
in einem fremden Land.

Der Kleinste fährt im Kindersitz
gern Fahrrad, kann laut schrein:
„Papa, saus den Berg hinauf,
ich möcht schnell oben sein!"

Das Stück kann als reines Fingerspiel interpretiert oder auch mit dem ganzen Körper dargestellt werden. Die Kinder laufen mit, schlafen in der Eisenbahn ein, die Hände stellen den Bug eines Schiffes und dann die Tragflächen eines Flugzeuges dar. Schließlich können Sie pantomimisch einen Fahrradlenker in die Hand nehmen.

Die Bootsfahrt

Seht hier, diese vielen Leute
machen eine Bootsfahrt heute.
Zwei Hände bilden ein Boot
Hau ruck, hau ruck, hau ruck, hau ruck,
so rudern sie aufs Meer hinaus.
Mit den Armen rudern
Kommt ein Sturmwind mit Gebraus:
„Schsch – schsch!"
Große Not für das Boot.
Auf den riesengroßen Wellen
schaukelt's auf und schaukelt's ab,
schwankt es hin und schwankt es her,
kippt es um, man sieht's nicht mehr.
Wo sind die Leute, was wird daraus?
Hände drehen sich mit der Innenfläche nach unten
Da gucken zwei zum Wasser raus.
Die beiden Daumen strecken sich nach oben
Sie kippen, wumm, das Boot wieder um.
Hurra, die Leute sind alle noch da.
Welch ein Glück!
Hau ruck, hau ruck, hau ruck, hau ruck,
sie rudern schnell ans Land zurück.
Steigen aus –
und laufen nach Haus.
Mitpatschen

Die Kletterhände

Wolfgang Hering

Seht, hier **geht** jetzt **ei**ne **Hand**,
klettert **heu**te **an** der **Wand**.
Dann nimmt **sie** die **an**dere **mit**,
beide **wan**dern **Schritt** für **Schritt**.
Rechts und **links**, dann **run**ter, **rauf**,
weiter **geht's** im **Dau**er**lauf**.
Auch die Ecken **sind** jetzt **dran**,
schaun wir **mal**, was **je**de **kann**.
Über **Kreuz** geht's **wei**ter **nun**.
Ja, es **gibt** sehr **viel** zu **tun**.
Jede **hüpft** mit **klei**nem **Satz**
immer **nur** auf **ei**nem **Platz**.
Und sie **schlei**chen **dann** ganz **leis**,
vorwärts, **rück**wärts, **auch** im **Kreis**.
Plötzlich **sind** sie **an**ge**klebt**,
ich hab **das** noch **nicht** er**lebt**.
Keine **Hand** rührt **sich** vom **Fleck**.
Von der **Wand** gehn **sie** nicht **weg**.
„**Ho**kus**po**kus **fi**di**bus**,
mit dem **Zau**ber**spuk** ist **Schluss**!“
Sie **kön**nen **wie**der **wei**ter**gehn**.
Hüpfen, **sprin**gen, **das** ist **schön**.
Ge**ra**de **kommt** die **Son**ne **raus**,
und sie **sau**sen **um** das **Haus**.
Freun sich **an** der **Früh**lings**luft**
und dem **schö**nen **Blu**men**duft**.
Ach, wie **ist** das **Le**ben **schön**,
so kann's **im**mer **wei**ter**gehn**.
Beide **lau**fen **noch**mals **fort**,
schaun nach **ei**nen **Ru**he**ort**,
sind ja **bes**tens **jetzt** be**kannt**,
schlafen **ein** dann **Hand** in **Hand**.

Sie können das Stück pantomimisch in der Luft aufführen oder auch auf einem Tisch oder am Boden. Es ist gut als Rückenmassage geeignet. Denken Sie sich noch eigene Kletterepisoden aus. Bei kleineren Kindern können Sie den Text kürzen.

Scheibenwischer

Wolfgang Hering

Es **fängt** jetzt an zu **reg**nen,
ich **se**he gar nichts **mehr**.
Wir **brau**chen Scheiben**wi**scher,
die **wi**schen hin und **her**.

Es beginnt zu **schüt**ten,
es **ist** fast nichts zu **sehn**.
Wir erhöhen den **Takt**schlag,
da**mit** sie schneller **gehn**.

Dann **wird** der Regen **mat**ter,
es **tropft** mal hier, mal **da**.
Die **Wi**scher drehn nur **manch**mal,
die **Sicht** ist wieder **klar**.

Die **Schei**benwischer **ru**hen,
nichts **trübt** die Hellig**keit**,
kein **Wölk**chen mehr am **Him**mel,
nur **Son**ne weit und **breit**.

Die Arme stellen die Scheibenwischer dar.

Indianerkinder

Siehst du dieses Tipi,
darin wohnt ein Kind.
Es ist genau so alt wie du
und heißt „Starker Wind".
Mittags erscheint „Kleiner Adler"
und bringt „Butterblume" mit,
dann sitzen sie im Tipi
und spielen hübsch zu dritt.
„Bunte Feder" kommt durch die Tür,
da tanzen sie gleich alle vier.
Wenn „Heller Mond" im Zelt erscheint,
dann wird es wunderschön.
Sie lauschen seinen Märchen
bis zum Schlafengehn.

Erst formen Sie mit den Händen ein Zelt, dann können Sie mit Daumen oder auch dem kleinen Finger beginnen. Weichen Sie ruhig von der normalen Reihenfolge der Finger ab.

Die Seepiraten

mündlich überliefert/Wolfgang Hering

Das hier ist der Kapitän,
Daumen aufrichten
habt ihr schon die Mannschaft gesehn?
Hand über die Augen halten
Dieses ist der Steuermann,
Zeigefinger strecken
der gibt dem Schiff die Richtung an.
Nach links und rechts zeigen
Und der ist Matrose hier
Mittelfinger hinzunehmen
und hat Muskeln wie ein Stier.
Arm beugen und die Muckies zeigen
Der mit Augenklappe da
war schon mal in Panama.
Ringfinger kommt hinzu; mit der Hand ein Auge bedecken
Im Ausguck sitzt der kleine Wicht
und ruft immer „Schiff in Sicht".
Kleinen Finger zeigen
Diese fünf Seeräuberflegel
Die ganze Hand zeigen
fahrn fort im Schiff mit Segel.
Hände zu einer Schale formen
Zum Abschied sehen wir sie winken,
dann irgendwo im Meer versinken.
Erst winken, dann die Hände hinter den Rücken ziehen
Zusammen schwimmen sie an Land
Schwimmbewegungen ausführen
und geben uns dann ihre Hand.
Hand des Nachbarn schütteln

Zwerg auf Wanderschaft

mündlich überliefert/Wolfgang Hering

Immer **hö**her mit **klei**nem **Tritt**,
geht ein **Zwerg** hier, **Schritt** für **Schritt**.
Und er **ruht** sich **o**ben **aus**,
schaut dann **in** die **Welt** hin**aus**.
Kitzele **kat**zele, **tit**zele **tat**zele,
miesele, **mau**sele, **wie**sele, **wau**sele.
Jetzt **kommt** der **Zwerg** ganz **o**ben **an**,
wo er **dich** gleich **krau**len **kann**.
Pass jetzt **auf** und **sieh** dich **vor**,
er **kit**zelt **dich** an **dei**nem **Ohr**.
Und der **Zwerg** ist **gar** nicht **dumm**,
er **läuft** auf **dei**nem **Kopf** he**rum**.
Doch auf **ein**mal, **e**ne mene **meck**,
ist der **Zwerg** auch **wie**der **weg**.

Spielen Sie das Stück auf dem Rücken des Kindes. Zwei Finger sind die Beine des Zwergs. Versuchen Sie, den Vers wie aufgezeichnet rhythmisch zu sprechen.

Regenspiel

Regen tripp und Regen trapp,
die Hände schütteln alles ab.
Erst die rechte, dann die linke,
schau, sie machen winke, winke.
Auf und nieder,
immer wieder,
schüttle ich und rüttle ich.
So geht alles Wasser ab,
und die Hände sind ganz schlapp.

Ein Stück zum Abreagieren, z. B. nach dem Sport.

Fünf Finger wollen ins Weltall

Wolfgang Hering

Fünf **Fin**ger **wol**len ins **Wel**tall **star**ten,
sie **kön**nen **kaum** den **Flug** er**war**ten.
Der **Kleins**te **ruft** mit **lau**tem **Ton**,
ich **will** in **ei**ne **Raum**sta**tion**.
Der **zwei**te **sagt**: Ich **bin** der **Lars**,
und **fah**re **lan**ge **bis** zum **Mars**.
Der **drit**te **spricht**: Ich **weiß**, es **lohnt**
sich **nur** die **Tour** di**rekt** zum **Mond**.
Der **vier**te **meint**: Es **wär** der **Hit**,
ich **trä**fe **ei**nen **Satellit**.
Der **dicks**te **sagt**: Ganz **ins**ge**heim**,
am **schöns**ten **ist** es **doch** da**heim**.

Fangen Sie mit dem kleinsten Finger an.

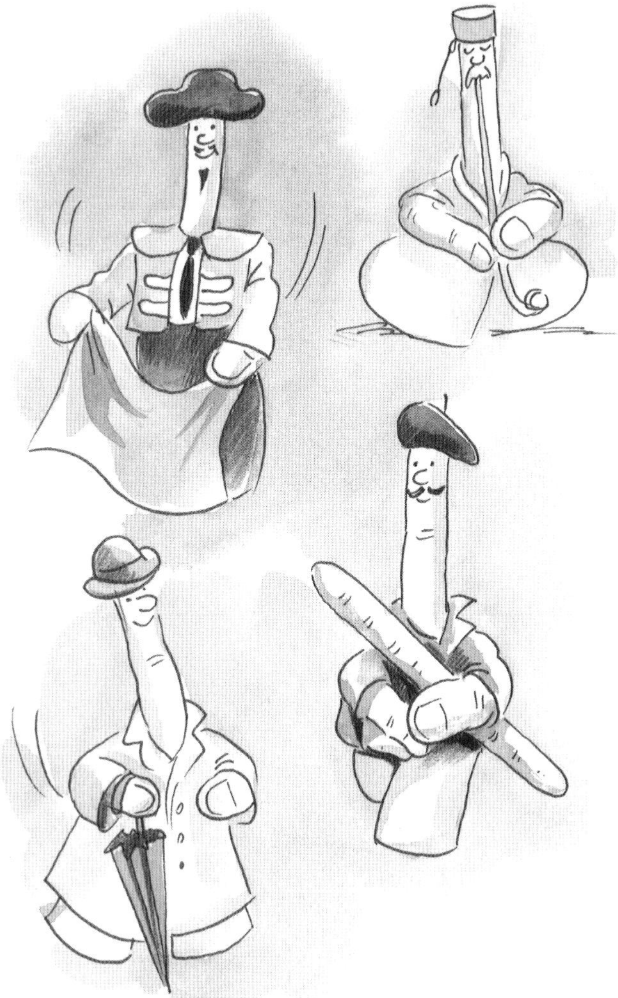

Andere Sprachen

Wolfgang Hering

Ein Finger sagt: „How do you do",
ich kann schon Englisch, was kannst du?
„Bonjour" legt da der zweite nach,
das heißt französisch „Guten Tag".
Der dritte spricht „Si, si, hola".
Das ist jetzt spanisch, ist doch klar.
Der vierte kommt aus der Türkei
„Merhaba", ich bin auch dabei.
Der fünfte ruft: „Ich zähl bis drei,
dann bringt ihr mir die Wörter bei."

*Das spanische Wort „Ho**la**" wird mit der Betonung auf der zweiten Silbe ausgesprochen.*

Bei den Riesen

mündlich überliefert/Wolfgang Hering

So ist es im Land der Riesen:
Zum Sturm wird dort ein Niesen.
Das Sandkorn ist ein Felsenstück,
Der Seidenfaden ist ein Strick.
Der Nagel ist gar eine Stange.
Ein Wurm ist groß wie eine Schlange.
Ein Riesentier ist eine Maus.
Ein Fingerhut, der wird zum Haus.
Als Fenster scheint ein Nadelöhr.
Ein Glas mit Wasser wird zum Meer.
Ein Haar wird gleich zum dicken Baum,
so dick und breit – man glaubt es kaum.

So ist es im Land der Riesen:
Da nähen die Schneider mit Spießen.
Da stricken die Omas mit Stangen.
Da füttert man Vögel mit Schlangen.
Da malen die Maler mit Besen,
und Mücken sind große Wesen.
Da gibt es Hügel zum Essen,
auf Holzbauten wird gesessen.
Die Teller sind groß wie Wiesen.
Zum Himmel reichen die Riesen.
Wie ein Arm breit ist jedes Haar.
Kinder sagt mal – ist das wahr?

Überlegen Sie mit den Kindern, was alles noch furchtbar groß ist im Land der Riesen. Analog können Sie sammeln, welche Gegenstände sich im Land der Zwerge verkleinern. Ein Haus wird zum Kästchen, ein Berg zum kleinen Hügel, ein tiefes Tal zur winzigen Mulde …

Die zehn Musikfinger

Nr. 2

Text/Musik: Wolfgang Hering

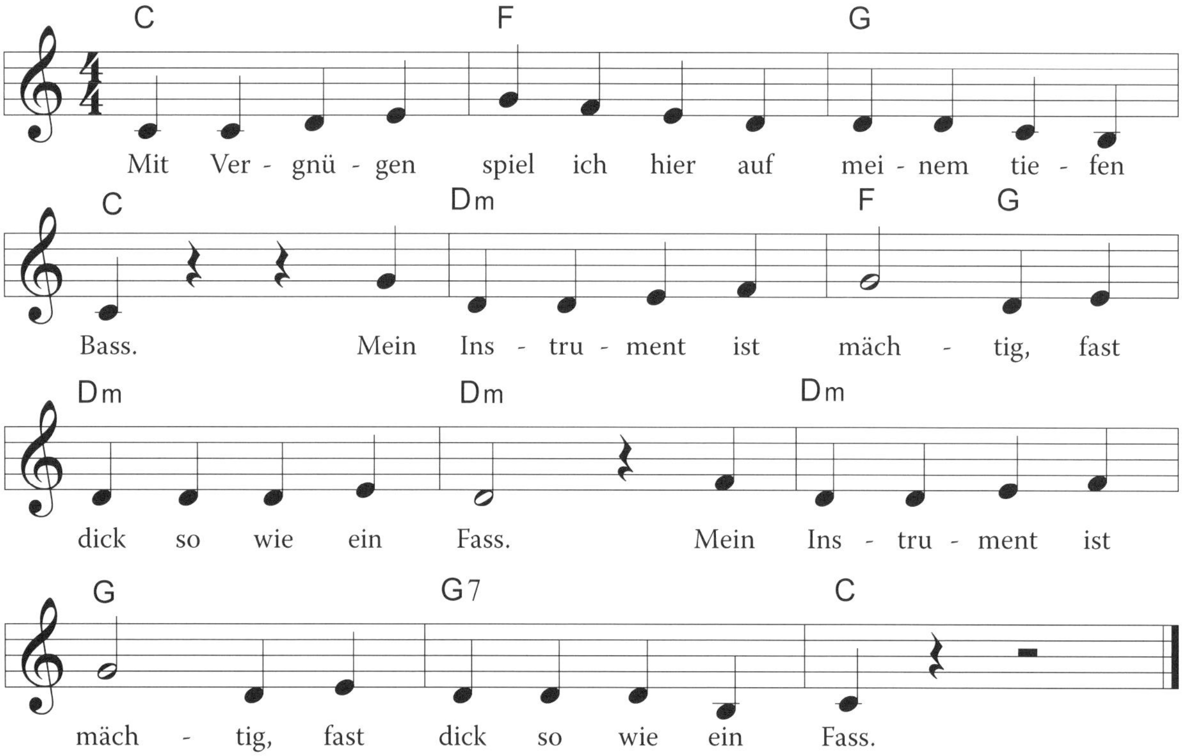

Mit Vergnügen spiel ich hier
auf meinem tiefen Bass.
||: Mein Instrument ist mächtig,
fast dick so wie ein Fass. :||

Seht, ich sitz am Schlagzeug
und gehe ganz schön ran.
Ich treibe hier den Rhythmus
ganz unermüdlich an.

Schaut, ich spiel Gitarre,
habt ihr mich auch bemerkt?
Ich spiele wie ein Wilder,
elektrisch noch verstärkt

Hört, hier klingt mein Keyboard,
ich drück die Tasten hier.
Die Sounds, die sind fantastisch,
ich zaubre am Klavier.

Ich spiel mit zwei Schlägeln
auf meinem Vibrafon.
Der Klang ist ganz besonders,
und lang klingt jeder Ton.

Jetzt blas ich Posaune,
die Töne muss ich ziehn.
Mit sehr viel Luft und Puste,
entstehn die Melodien.

Auf die sanfte Weise
spiel ich die Harfe hier.
Ich zupfe viele Saiten
mit Anmut und viel Zier.

Ich streich mit dem Bogen,
leg auf den Saiten los.
Auf meiner kleinen Geige
spiel ich ganz virtuos.

Ich hab ein tolles Mikro
zum Singen in der Hand.
Ich bin als großer Sänger
bei meinen Fans bekannt.

Ich führ hier den Taktstock,
ich bin der Dirigent.
Mir folgen alle Spieler
und jedes Instrument.

Jedes Instrument wird pantomimisch dargestellt. Nehmen Sie entsprechende Gesten und Geräusche hinzu.

Wind, Sonne, Wasser und Erde

Wolfgang Hering

Ich bin die Sonne, die gern scheint,
für die Natur bin ich ein Freund.
Finger als Sonnenstrahlen spreizen
Ich bin das Meer und ströme gut
und bring euch Ebbe und die Flut.
Hand zeichnet die Wellen nach
Ich bin die Erde mit Vulkan
und sprüh dort Feuer mit Elan.
Die Hände nach oben werfen
Ich bin der Wind, blas Tag und Nacht,
ja, das ist meine große Macht.
Kräftig blasen
Uns gibt es alle massenhaft.
Wir vier, wir haben sehr viel Kraft.
Von unsrer Sorte gibt's genug,
wer uns benutzt, der ist sehr klug.
Mit dem Finger an die Stirn tippen
Sonne, Wasser, Erde, Wind
gibt's reichlich, das weiß jedes Kind.

Hier brauchen Sie nur vier Finger für die Elemente. Kommen Sie mit den Kindern über die vier Elemente und unsere Energievorräte ins Gespräch.

Alle zusammen

Nr. 3

Text: Claudia Höly/W. Hering Musik: R. J. Gross

Der ist stark, und der ist lang.
Und was dieser hier wohl kann?
Kann sich bis zum Himmel strecken.
Der hier kann sich gut verstecken.
Dieser passt in jede Ritze,
||: und alle zusammen sind sie spitze. :||

Der ist laut, und der ist leis.
Beide drehn sich gern im Kreis.
Der kann viele Lieder singen.
Der kann bis zur Decke springen.
Dieser mag die große Hitze,
||: und alle zusammen sind sie spitze. :||

Der ist schlau, der kennt sich aus,
kennt im Städtchen jedes Haus.
Der muss ständig etwas lesen,
der ist schon in Rom gewesen.
Der erzählt die besten Witze,
||: und alle zusammen sind sie spitze. :||

Sie können den Text erst sprechen und dann singen. Beginnen Sie mit einem Daumen; in den folgenden Strophen wechseln Sie jeweils die Hand. Sie können in der ersten Strophe einzelne Namen einsetzen, z. B. „Mikas" ist stark und „Nicola" ist lang ... Die Textvorgaben lassen sich auch gut in Szene setzen. Jeweils am Ende der Strophen werden alle Finger gespreizt.

Fünf bunte Finger

Wolfgang Hering

Fünf bunte Finger hab ich hier,
ganz farbig angemalt.
Ich zeig sie nacheinander euch,
seht, wie ein jeder strahlt.

Der Daumen, der ist so gefärbt.
Der Himmel glänzt genau,
und keine Wolke weit und breit
stört dieses satte Blau.

Der Zeigefinger hat mit Feuer schon
so manchen Wald bedroht.
Die Feuerwehr kommt, wenn es brennt
mit Autos, die sind rot.

Der Mittelfinger wächst und wächst,
wenn Pflanzen herrlich blühn.
Im Frühling überwiegt im Wald
ganz klar die Farbe grün.

Der Ringfinger kommt gleich danach,
sein Kleid ist ganz schön grell.
Er leuchtet wie die Sonne heut
vollkommen gelb und hell.

Der Kleinste hat sich schick gemacht,
bei ihm geht's richtig rund.
So wie beim Regenbogen sieht
er aus ganz kunterbunt.

Entweder Sie malen die Finger in den entsprechenden Farben an, oder Sie lassen die Kinder jeweils die Farben raten.

Mit Grippe im Bett

Wolfgang Hering

Fünf Kinder liegen flach im Bett.
Ganz krank ist heute jedes Kind.
Sie hoffen, dass sie bald schon wieder
ganz wild am Toben sind.
Das erste schwitzt, hat Temperatur
und fiebert hier in einer Tour.
Dieses liegt mit krankem Hals
und starkem Schnupfen ebenfalls.
Das mag bei Krankheit Apfelmus
und leidet am verstauchten Fuß.
Das jammert, und es klagt ganz laut,
es hat den Magen sich versaut.
Das Kleinste hat jetzt den Befund:
Ich bin bald wieder kerngesund.

Fangen Sie mit dem Daumen an.

2. Tiere rund um den Globus

Welches Tier ist das?

Wolfgang Hering

Hier seht ihr ein wildes Tier,
es lebt nicht gern allein.
Es ist sehr stark und brüllt sehr laut.
Muskeln zeigen und brüllen
Das muss ein … (Löwe) sein.

Dieses Tier mit langem Hals
schaut hoch in Bäume rein.
Frisst gern die zarten Blätter ab.
Ein Arm wird zum Baum, der andere zum Giraffenhals
Das muss eine …(Giraffe) sein.

Da kriecht am Boden ein langer Schlauch,
umkringelt Stein für Stein.
Mit dem Arm schlängeln
Er zischt und streckt die Zunge raus,
Zunge rausstrecken
das kann nur eine … (Schlange) sein.

Da steht ein graues Ungetüm,
als Arbeitstier bekannt.
Es wandelt sanft im Dschungelwald.
Hand verwandelt sich in einen Rüssel, Füße stampfen
Das ist ein … (Elefant).

Das Tier schwimmt gern in Flüssen,
am Kongo oder Nil.
Schwimmbewegungen
Es hat ein riesengroßes Maul.
Mit den Händen das Maul andeuten
Das ist ein … (Krokodil).

Ein Tier, das noch viel schwerer ist,
das döst im Sonnenschein.
Kopf sinkt nach unten, Augen schließen
Es ist meist ziemlich ruhig,
das muss ein … (Nilpferd) sein.

Es läuft ganz weit im Wüstensand,
Laufen
gewöhnt an Hitze ungemein.
Schweiß von der Stirn wischen
Es hat meist zwei Höcker drauf,
Zwei Hügel in die Luft zeichnen
das kann ein … (Kamel) nur sein.

Sie weben sich die Netze selbst,
die Beine sind ganz fein.
Finger als Spinnenbeine spreizen
Manche sind richtig giftig,
Abwehrbewegungen machen
das können nur … (Spinnen) sein.

Ihr Fell hat schwarze Streifen,
In der Luft Linien nachziehen
Sie laufen meistens querfeldein,
etwas kleiner als die Pferde,
Galoppbewegungen
können das nur … (Zebras) sein.

Er ist ein ziemlich großes Tier
und schleicht und jagt allein.
Die Hände schleichen über die Oberschenkel
Er kann wirklich sehr schnell laufen,
dass muss ein … (Leopard) sein.

Sie sind dem Menschen ähnlich,
zusammen ein lustiger Verein.
Sie hangeln sich durch die Bäume,
Arme in die Luft strecken
das können nur ... (Affen) sein.

Es nagt gern Knochen dieses Tier,
sein Bauch ist schon mal rund.
Bauch skizzieren
Es winselt mal, dann bellt es laut.
Ihr wisst, das ist ein ... (Hund).

Es quiekt im Stall und wühlt sich gern
tief in den Dreck hinein.
Mit den Händen graben
Es grunzt und sieht ganz rosa aus.
Ganz klar, das ist ein ... (Schwein).

Ein Tier, das hat ein weiches Fell
und schmiegt sich gern ans Bein,
Mit der Hand am Bein entlang streifen
läuft um die Ecken superschnell,
das muss eine ... (Katze) sein.

Ein zartes Tier, das steht im Wald
und frisst gern Gras und Klee.
Mit einer Hand zum Boden greifen
Da kommt ein Jäger mit Gewehr,
schnell flüchtet da das ... (Reh).

Das Tier hat einen dünnen Schwanz,
Gekrümmter kleiner Finger
kriecht in die Ritzen rein.
Manchem Menschen macht es Angst,
das muss ein ... (Mäuschen) sein.

Sie fliegt ganz flott hier durch die Luft,
Mit einem Finger in der Luft kreisen
in Blumen schlüpft sie gern hinein.
Zu Haus im Stock ist Honigduft,
das muss eine ... (Biene) sein.

Sie lassen immer eine Pause am Ende jeder Strophe und dann die Kinder das entsprechende Tier raten.

Fünf Tiere aus Afrika

Wolfgang Hering

Fünf Tiere seht ihr alle da,
die leben meist in Afrika.
Der Dicke ist ein Elefant,
hebt einen Baumstamm aus dem Stand.
Der Affe hier hat sehr viel Charme,
es juckt ihn oft mal unterm Arm.
Das Nashorn öffnet gern sein Maul
zum Gähnen, scheinbar ist es faul.
Und das Kamel, das kommt sodann,
läuft weit und hat zwei Höcker dran.
Das kleinste Tier, das ist nicht dumm,
das fliegt als Fliege hier herum.

Beginnen Sie mit dem Daumen.

Die kleinen Käfer

Nr. 4

Text: Wolfgang Hering/Musik: trad./Wolfgang Hering

Die kleinen Käfer wandern,
brumm, brumm, brumm,
sie krabbeln durcheinander,
brumm, brumm, brumm.
Und jeder sucht sich einen Stein
und tanzt vergnügt auf einem Bein,
da fallen alle um, bumm.

Die grauen Gänse wandern,
watsch, watsch, watsch,
in Reihe mit den andern,
watsch, watsch, watsch.
Da kommt ein Teich,
der liegt da stumm.
sie watscheln um den See herum,
und alle fallen um, bumm.

Die Elefanten stampfen
dum, dum, dum,
so, dass die Füße dampfen,
dum, dum, dum.
Sie heben ihre Rüssel schwer,
und tröten bis nach Brüssel her.
und alle fallen um, bumm.

Die Affenkinder springen,
hei, hei, hei,
und ihre Arme schwingen,
hei, hei, hei,
verzehr'n Bananen, die sind krumm,
und hüpfen wild im Urwald rum.
Auch sie, sie fallen um, bumm.

Die Finger stellen Tiere dar

Wolfgang Hering

Die Finger stellen Tiere dar,
ihr schaut euch das gut an.
Dann probiert, ob jeder selbst
das Tier auch spielen kann.

Der Hase beugt sich gern nach vorn
und wackelt dann mit seinen Ohr'n.
Der Tiger ist ein starkes Tier,
seht, ich bin gefährlich hier.
Der Gepard ruft: ihr seid doch schlapp,
ich häng euch glatt beim Laufen ab.
Die Giraffe streckt den Schopf.
Ich spuck euch allen auf den Kopf.
Das Krokodil ruft: Ganz gewiss,
ich hab das größte Raubgebiss.
Da kommt die Schlange angewetzt,
ich sag euch auf der Stelle jetzt:
Auf Grips und Klugheit kommt es an,
dann seid ihr wohl am besten dran.

Zunächst werden alle Finger in die Höhe gehalten. Dann zeigen sich die Tiere. Beginnen Sie mit dem Daumen.

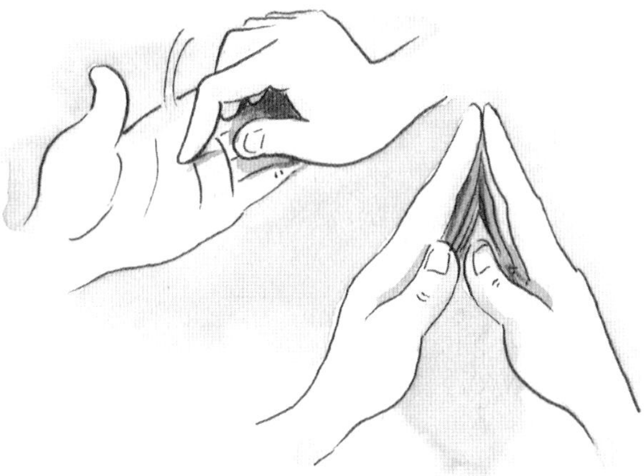

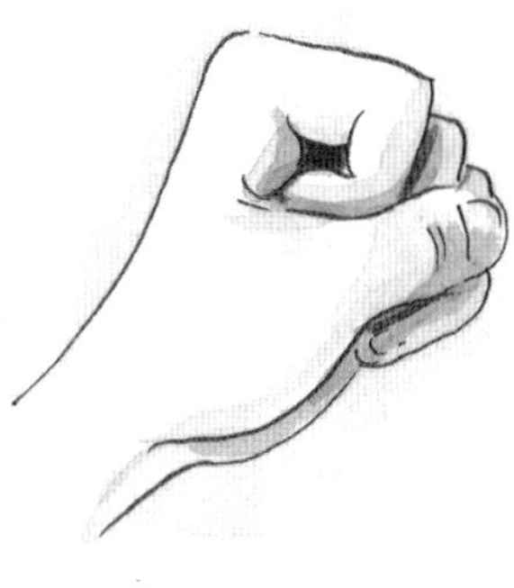

Diese fünf Hühner

mündlich überliefert/Wolfgang Hering

Diese fünf Hühner können fliegen,
Mit den Fingern zappeln
aber auch am Boden liegen.
Gestreckte Finger in die Hand legen
Sie laufen gackernd hin und her,
auf dem Hof gefällt's ihnen sehr.
Finger rennen hin und her

Der Daumen ist der stolze Hahn,
der fängt schon früh zu krähen an.
Daumen zeigen

Der Zeigefinger ist ein fleißiges Huhn,
das hat am Tag ganz viel zu tun.
Zeigefinger zeigen

Der Mittelfinger, gar nicht bang,
der zieht dem Hofhund die Ohren lang.
Mittelfinger zeigen

Der Ringfinger, man glaubt es kaum,
hüpft auf den großen Apfelbaum.
Ringfinger zeigen

Der Kleine ist eine faule Maus
und kommt kaum aus dem Bett heraus.
Kleinen Finger zeigen

Sie picken rum im Hof überall.
Fingerspitzen „picken" in der Innenfläche der anderen Hand
Am Abend gehen sie in den Stall.
Hände bilden ein Dach

Sie können auf der Stange ruhn,
Gestreckte Finger eng aneinander halten
da schlafen sie tief und träumen nun.
Faust machen

Zwei lange Schlangen

Nr. 5

Text: W. Hering/B. Meyerholz/Musik: W. Hering, türkischer Text: Günay Köse

Eine kleine Schlange
wird früh am Morgen wach.
Sie räkelt sich und streckt sich,
sagt freundlich „Guten Tag“.

Refrain:
Ollalala Ollalala, ksss, ksss, ksss.

Başka bir yılan,
(Eine andere Schlange)
tesadüfen geçer
(geht zufällig vorbei.)
küçük yılanı görür
(Sie sieht die kleine Schlange,)
„Merhabal“ der.
(sagt „Hallo“.)

Lay lay lay lay – Lay lay lay lay, ksss ksss ksss.

Zwei lange Schlangen
schau’n sich richtig an
und jede zeigt, wie schön
sie ihren Kopf bewegen kann.

İki uzun yılan
(Zwei lange Schlangen)
sürünür tarlada,
(schleichen im Feld herum.)
İkisinin kararı
(Sie entscheiden sich beide)
arkadaş olmada
(für die Freundschaft.)

Zwei lange Schlangen,
die schwimmen durch den Fluss,
und geben sich am andern Ufer
einen dicken Kuss.

İki uzun yılan
(Zwei lange Schlangen)
sarmaş dolaşlar
(umarmen sich.)
Böyle anlarında
(In solchen Momenten)
İyi arkadaşlar
(sind sie gute Freunde.)

Zwei lange Schlangen,
die haben auch mal Streit.
Sie beißen sich und kratzen sich,
so lang bis eine schreit.

İki uzun yılan
(Zwei lange Schlangen)
kıvrılırlar çokça
(schlängeln viel herum,)
sırtlarını dönüp
(drehen sich den Rücken zu)
uyur yorulunca.
(und schlafen ein.)

Zwei lange Schlangen,
die schlängeln viel herum
und wenn sie müde sind, dann drehn
sie sich zum Schlafen um.

Ollalala Ollalala, ksss, ksss, ksss.
Ollalala Ollalala, pssst, pssst, pssst.

Das bekannte Schlangenlied von „Trio Kunterbunt" in einer Fassung mit abwechselnd deutschen und türkischen Strophen. Die Übertragung ins Türkische mit den Übersetzungen stammt von Günay Köse.
Die Grundidee basiert auf der Darstellung zweier Schlangen mit den Armen. Die Hände bilden die Köpfe. Am besten verstecken zuerst alle Kinder die Hände hinter dem Rücken. Beim Refrain tanzt der Schlangenkopf bei „Ollalala" rhythmisch zweimal zur einen Seite, dann streckt sich der Kopf nach vorne, und die Schlange zischt dreimal hintereinander „ksss, ksss, ksss", d. h. die Hand klappt dreimal auf und zu. Bei der Wiederholung mit veränderter Melodie bewegt sich das Tier in die andere Richtung. Die zweite Hand kommt als Partnerschlange hinzu, und beide Figuren stellen die Geschichte aus dem Stegreif dar. Ein letztes Mal kommt das „Ollalala-Spiel". Bei der Wiederholung wird statt „ksss" ein „Pssst" gesungen. Dabei wird der Zeigefinger vor den Mund gehalten.
Tipp: Die Augen der Schlangen können auf die Hände der Kinder gemalt oder geklebt werden.

Das Känguru

Mündlich überliefert/Wolfgang Hering

Ein Känguru, dies große Tier,
das ist mein Zeigefinger hier,
es hüpft herum in einem fort,
und manchmal steht's am Felsen dort.
Mit dem Zeigefinger wackeln, die andere Hand bildet einen Kreis
Es schaut in seinen Beutel rein,
Zeigefinger „blickt" in den Kreis
es ist wohl heute nicht allein.
Zeigefinger schaut von unten durch den Kreis
Ein Kleines klettert aus dem Bauch:
Kreis öffnen und beide Zeigefinger dicht zusammenhalten
„Hallo, hallo, mich gibt's auch!"
Die Beiden freuen sich so sehr
Mit den Daumen wackeln
und hüpfen hoch, dann hin und her.
Finger bewegen
Oben, auf dem hohen Zaun,
Eine Hand senkrecht halten, zwei Finger sitzen oben drauf
sieht man sie zur Sonne schaun.
Kopf hin und her drehen
Doch kommt dann schnell die Nacht,
haben beide die Augen zugemacht.
Augen schließen, Handfläche auf den Kopf legen

Sie können die beiden Rollen mit verschiedenen Stimmen interpretieren.

Die Vögel

Alle **mei**ne **Fin**ger **hier**,
sind Vögel, **komm**, ich **zeig** sie **dir**.
Der **Dau**men, **ja**, der **fliegt** sehr **weit**,
und **trägt** ein **gold**'nes **Fe**der**kleid**.
Der **Zei**ge**fin**ger am **Him**mels**zelt**,
er **kennt** die **gro**ße, **wei**te **Welt**.
Der **Mit**telfinger **spannt** die **Flü**gel **aus**,
und **fliegt** ge**schwind** zu**rück** nach **Haus**.
Der **Ring**finger **macht** den **Schna**bel **auf**,
und **kreist** he**rum**, ist **sehr** gut **drauf**.
Der **klei**ne Finger **ist** das **Vo**gel**kind**,
lässt **sich** gern **trei**ben **von** dem **Wind**.
Kommt **dann** der Abend **still** da**her**,
da **freu**en **sich** die **Vö**gel **sehr**.
In **ih**rem **Nest**, dort **ist** es **schön**,
sie **kön**nen **ru**hig **schla**fen **gehn**.

Eine Hand beginnt. Die Finger zappeln zunächst, und dann werden sie einzeln gezeigt. Aus der anderen Hand wird ein Nest geformt. Die fünf Finger legen sich in diese Hand.

Der schwarze Panther

Im Dunkeln schleicht ein Tier heran.
Es hat ein dichtes Fellkleid an.
Der schwarze Panther ist sehr stark.
Er kommt zurück von seiner Jagd.
Im Maul trägt er die Beute,
die reicht ihm aus für heute.
Von seinem Ausflug ist er zurück.
Da hast du aber Glück.

Die Hände reiben abwechselnd über die Oberschenkel. Zur letzten Zeile fest auf die Knie klatschen und die Hände locker fallen lassen.

Die klitzekleine Krabbelmaus

mündlich überliefert/Wolfgang Hering

Die klitzekleine Krabbelmaus
krabbelt allein vor ihrem Haus.
Finger einer Hand machen Krabbelbewegungen, die andere Hand liegt geballt auf dem Oberschenkel
Sie weckt die Maus von nebenan,
Finger krabbeln zur geballten Hand und tippen sie an
schon fängt auch die zu krabbeln an.
Andere Hand krabbelt
Sie krabbeln nun zu zweit
und kommen ganz schön weit.
Mit beiden Händen krabbeln
Dann krabbeln sie schnell und geschwind,
weil sie ganz ausgeschlafen sind.
Schnell krabbeln
Sie krabbeln über Baum und Strauch
Hin und her krabbeln
und über Menschenkinder auch.
Auf dem ganzen Körper krabbeln
Kommt dann die Nacht, gehn sie zurück,
den Weg, den kennen sie zum Glück.
In der Luft oder über den Körper zurückkrabbeln
Sie kriechen in ihr Mäusenest,
weil sich's dort lange schlafen lässt.
Beide Hände zusammenballen und ruhig auf die Oberschenkel legen
Sie liegen still die ganze Nacht,
bis der Tag sie munter macht.
Der Wind, der pustet sie nun fort
an einen unbekannten Ort.
Pusten, die Hände verschwinden hinter dem Rücken

Die Feinschmecker

In einem Mäusehaus, recht klein,
leben fünf Mäuse ganz allein.
Jede sucht sich schon früh am Tag
zu fressen das, was sie gern mag.
Die erste frisst gerne Speck
und läuft schnell vor der Katze weg.
Die zweite Maus frisst gerne Brot,
sie leidet niemals große Not.
Die dritte Maus frisst gerne Kuchen,
den muss sie nicht sehr lange suchen.
Die vierte Maus frisst gerne Wurst,
danach hat sie großen Durst.
Die kleine Maus, sie frisst die Reste,
das ist für sie das Allerbeste.
Am Abend krabbeln sie nach Haus,
legen sich hin und ruhn sich aus.

Mit den Händen ein Dach bilden. Dann spielen die Finger wie beschrieben die Mäuse, zappeln und machen Lauf- und Fressbewegungen. Beginnen Sie mit dem Daumen. Am Ende laufen die Finger über die gespreizten Finger der anderen Hand und legen sich in der Handfläche zur Ruhe.

Der freche Spatz

mündlich überliefert/Wolfgang Hering

Ein Spatz fliegt ins Schwalbenhaus hinein.
Daumen und Zeigefinger stellen den Spatz dar, die andere Hand wird zum Schwalbennest
Ich will dort einmal zu Hause sein.
Da schimpfen die Schwalben wütend herum:
Beide Hände verwandeln sich kurz in Schnäbel
„Was denkst du dir? Du bist wohl dumm?
Heraus mit dir, du frecher Gesell,
wir machen dir Flügel, aber schnell."
Beide Arme werden zu Flügeln
Doch der Spatz bleibt sitzen richtig keck,
rührt sich in dem Hause nicht vom Fleck.
Die Schwalben rufen: „Frecher Vogel, du,
du ärgerst uns damit immerzu."
Da zwitschert draußen ein andrer Spatz:
„Komm raus, hier ist ein Sonnenplatz."
Erst streckt der Spatz den Schnabel vor,
dann fliegt der ganze Rest empor.
Arme als Flügel
Ihr glaubt nicht, was sich da die Schwalben freun,
und es kehrt dort die alte Ruhe ein.

Der Igel

Sitzt ein Igel unterm Baum,
ganz versteckt, man sieht ihn kaum,
kleiner, kleiner Igel,
Eine Hand ist der Baum, die andere stellt den Igel mit der Faust dar
sieht wie eine Kugel aus,
streckt die vielen Stacheln raus,
Aus der Faust strecken sich die Finger hoch
kleiner, kleiner Igel.

„Tu mir bitte nicht so weh,
komm ich mal in deine Näh,
kleiner, kleiner Igel."
Stacheln vorsichtig anfassen
Doch auf einmal, welch ein Schreck,
ist der kleine Igel weg,
kleiner, kleiner Igel.
Hand verschwindet hinter dem Rücken

Lauter verschiedene Beine

Wolfgang Hering

Es steht ein Tier auf einem Bein.
Das kann doch nur ein Flamingo sein.
Zwei Beine hat die Affenfrau,
ein jedermann weiß das genau.
Ein Hund hebt seinen Fuß am Fluss,
weil er mal dringend pinkeln muss.
Er denkt sich nicht sehr viel dabei.
Zählt nun die Beine, es sind „drei".
Die Katze macht von ihrem Platz
mit allen Vieren einen Satz.
Dort läuft ein Mäuschen rum ganz cool,
fünf Beine hat ihr Lieblingsstuhl.
Ein Käfer kommt ganz schnell voran,
der hat genau sechs Beine dran.
Ich kenne eine Spinnenart,
mit sieben Beinen läuft sie zart.
Acht Beine hat, weit ab vom Schuss,
im Meer der schwarze Oktopus.
Jetzt weiß bestimmt so manches Kind,
dass Tiere ganz verschieden sind.

Sie können jeweils einen Finger hinzunehmen und dann auch die einzelnen Tiere darstellen.

Fünf Hühner

Fünf Hühner habe ich, nebeneinander stehn,
Finger der rechten Hand auf den Unterarm legen
auf der langen Stange gesehn.
Nun flattern sie alle froh und munter
Finger flattern durch die Luft
auf den Hühnerhof hinunter.
Und weil keines stillsitzen mag,
scharren und picken sie den ganzen Tag.
Finger scharren und picken
Ein Huhn trippelt unter die Hecken,
Linken Unterarm zur Hecke wölben
um dort ein Ei gleich zu entdecken.
Mit Daumen und Zeigefinger der rechten Hand ein Ei formen
Ein Ei finde ich im Rasen hier
Eier nacheinander hochhalten
und eins im Korb gleich hinter der Tür.
Das vierte finde ich im Heu,
und im Osternest liegt das fünfte Ei.

Mit einer Hand spielen die Kinder die Hühner, mit der anderen die Eier.

3. Mit der Sonne wird es warm

Fünf Kinder spielen heut am Meer

Wolfgang Hering

Fünf Kinder spielen heut am Meer,
sie lieben Sand und Wellen sehr.
Ein Kind ist neu und noch sehr blass,
doch spritzt schon frech die andern nass.

Das hier verbuddelt sich gewandt.
Man sieht ein Köpfchen nur im Sand.
Ein Kind macht, wow, ihr glaubt das kaum,
am Boden einen Purzelbaum.

Ein andres, so ein kleiner Zwerg,
baut mit der Schaufel einen Berg.
Das Kleinste zeigt, was es schon kann
und zieht die Sonnenbrille an.

Beginnen Sie mit dem Daumen, und deuten Sie die Bewegungen an.

Am Strand

mündlich überliefert/Wolfgang Hering

Ich hab fünf Finger an der Hand,
die graben hier im tiefen Sand.
Der erste bohrt ein Loch hinein,
da gießen wir gleich Wasser rein.
Der zweite macht das Loch ganz breit,
das dauert eine Ewigkeit.
Der dritte ist ganz schmal und lang,
der buddelt einen tiefen Gang.
Der vierte greift noch mal hinein
und sagt: „Da tun wir Muscheln rein."
Der fünfte Finger, was macht der im Nu?
Der buddelt die Löcher wieder zu.

Das Fingerspiel können Sie im Urlaub am Meer oder auf einem Spielplatz ausprobieren.

Zehn Lebewesen im Meer

Wolfgang Hering

Zehn Lebewesen im Meer,
die schwimmen alle hin und her.
Da ist der dicke Kabeljau,
so dick, der ähnelt einer Sau.
Das Seepferdchen, sehr elegant,
das küsst den Seestern ganz gewandt,
Und wer die Qualle trifft, oje,
dem tut dann sicher etwas weh.
Der Tintenfisch, mit Armen dran,
zeigt, dass er wahrlich zappeln kann.
Da kommt hinzu, ich seh's genau,
eine schöne Meerjungfrau.
Und auch der Haifisch, gar nicht faul,
öffnet weit sein Riesenmaul.
Da schwimmt ein farbenfroher Fisch,
der wackelt mit ganz fürchterlich.
Und oben schwimmt ein Seehund rum,
er kann nicht bellen, ach wie dumm.
Ein Walfisch taucht jetzt auch noch auf
und spritzt den Wasserstrahl hinauf.
Ich tauch hinab und komm hinzu
und schau dem ganzen Treiben zu.

Beginnen Sie mit einer Hand und wechseln dann zur anderen Seite. Am Ende bilden die Hände eine Taucherbrille.

Zehn Feuerwehrmänner

Wolfgang Hering

Zehn Feuerwehrmänner, was machen die bloß?
Sie sitzen herum, es ist nichts los.
Der erste sieht Qualm im Holzhaus dort.
Er drückt den roten Alarmknopf sofort.
Nummer zwei zieht die schwarzen Stiefel an
und springt auf das rote Auto sodann.
Der dritte zieht den Helm übers Haar
und ruft: „Zur Abfahrt ist alles klar."
Nummer vier hat bald hundert Sachen drauf,
und dann dreht der fünfte das Wasser auf.
Der sechste hat den Schlauch in der Hand.
Das Wasser schießt jetzt auf den Brand.
Der siebte schreit: „Da ist ein Kind im Haus!"
Der achte holt's aus den Flammen raus.
Der neunte löscht die ganze Nacht
und hat das Feuer ausgemacht.
Der zehnte ruft: „Uff, das war schwer,
ja, wir sind eine tolle Feuerwehr."

Alle Finger sind als Feuerwehrmänner im Einsatz.

Fünf Eiskugeln

Wolfgang Hering

Ich hab ein Eis heut auf der Hand,
fünf Bällchen, das ist allerhand.
Mit einer Hand eine Eiswaffel andeuten, die andere zeigt fünf Finger
Ganz oben werde ich angelacht,
die Kugel ist aus Kirsch gemacht.
Der Daumen beginnt
Die Zweite hab ich schnell geleckt,
Zitrone, die ganz lecker schmeckt.
Danach werde ich gleich übermannt,
Schoko gibt's nun mit Krokant.
Dann kommt ein Waldmeistergenuss
mit Erdbeereis und etwas Nuss.
Das letzte Bällchen ist ein Traum,
das schmeckt so gut, ihr glaubt es kaum:
Pfefferminz und Trüffel, echt.
Ich glaub, jetzt ist mir
richtig schlecht.

Ich bin eine Palme

Nr. 6

Text: Wolfgang Hering/Musik: Wolfgang Hering/Bernhard Hering

Ich bin eine Palme
und wachse hier am Strand.
Die Sonne scheint und vor mir
passiert so allerhand.
Mein liebster Freund, der ist
ein kleiner Kakadu.
Er hüpft auf meinen Blättern
und summt und brummt dazu.

Ich bin eine Palme
und mag es richtig heiß.
Es tanzen abends Kinder
um mich herum im Kreis.
Die Äffchen klettern oben,
mit Freude und Genuss
und spielen gerne Handball
mit einer Kokosnuss.

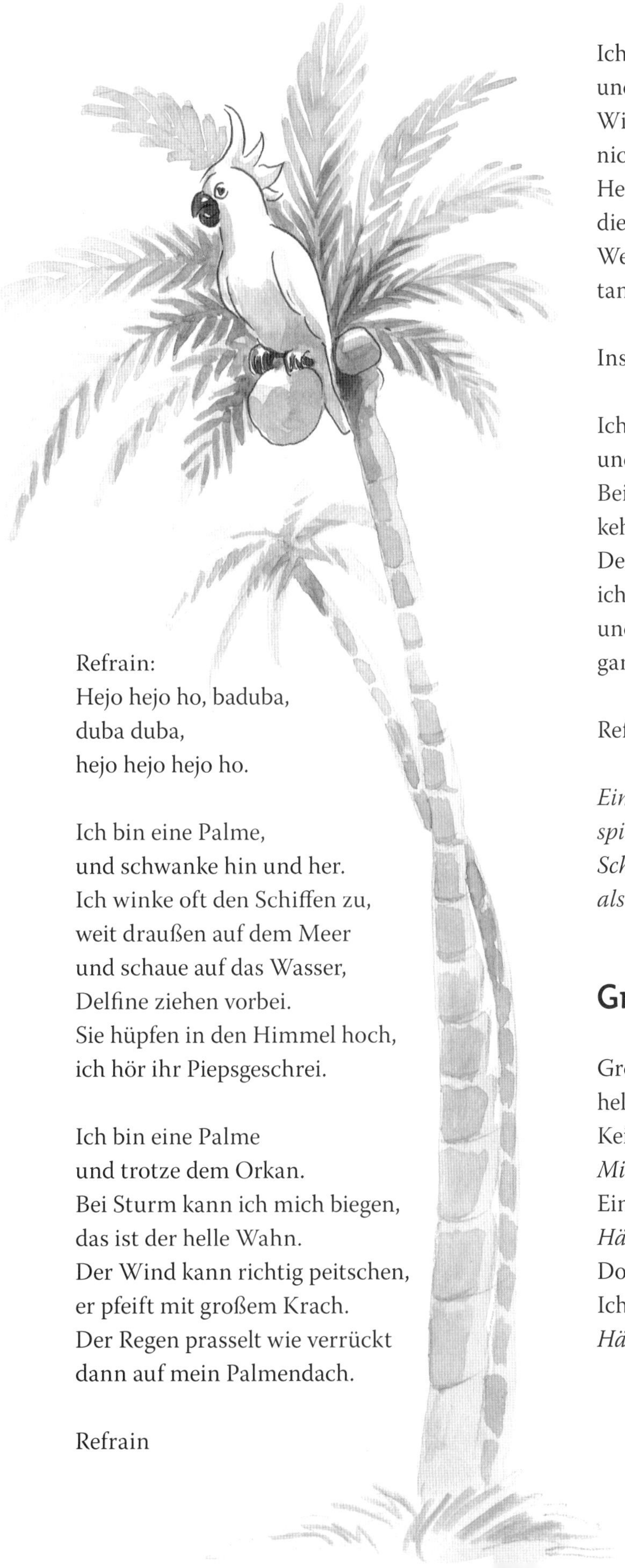

Refrain:
Hejo hejo ho, baduba,
duba duba,
hejo hejo hejo ho.

Ich bin eine Palme,
und schwanke hin und her.
Ich winke oft den Schiffen zu,
weit draußen auf dem Meer
und schaue auf das Wasser,
Delfine ziehen vorbei.
Sie hüpfen in den Himmel hoch,
ich hör ihr Piepsgeschrei.

Ich bin eine Palme
und trotze dem Orkan.
Bei Sturm kann ich mich biegen,
das ist der helle Wahn.
Der Wind kann richtig peitschen,
er pfeift mit großem Krach.
Der Regen prasselt wie verrückt
dann auf mein Palmendach.

Refrain

Ich bin eine Palme
und lad euch alle ein.
Wir brauchen hier am Strand
nicht viel zum Glücklichsein.
Heut steigt die große Party,
die Drinks, die sind der Hit.
Wer wackelt mit den Hüften,
tanzt ausgelassen mit?

Instrumental

Ich bin eine Palme,
und kann mich darauf freun.
Bei einem Sternenhimmel
kehrt wieder Ruhe ein.
Der Mond, der scheint hinunter,
ich mach die Augen zu
und träume bis zum Morgen
ganz genau wie du.

Refrain

Ein Arm wird zur Palme. Die andere Hand spielt mit den Fingern Kinder, Kakadu, Äffchen, Schiff und Delfine. Sie können das Stück auch als Ganzkörperspiel zum Tanzen gestalten.

Groß ist die Sonne

Groß ist die Sonne,
hell und warm ihr Schein.
Keiner könnte ohne Sonne sein.
Mit den Armen große Sonne in die Luft malen
Eine dicke Wolke hat sie zugedeckt.
Hände vor das Gesicht halten
Doch schon ruft sie: „Da bin ich.
Ich hab mich nur versteckt."
Hände schnell vom Gesicht wegziehen

Die Blumen wachsen

mündlich überliefert/Wolfgang Hering

Aus der **Er**de **wächst** das **Grün**,
Rechte Hand zeigt nach oben, Finger zappeln von unten, Pflanzen wachsen
und der **Re**gen **lässt** es **blühn**.
Linke Hand stellt den Regen dar
Kommt der **lie**be **Son**nen**schein**,
Finger der linken Hand spreizen sich als Sonne
lockt her**vor** ein **Blü**me**lein**.
Fingerspitzen der rechten Hand bilden eine Knospe
Bald schon **springt** die **Knos**pe **auf**,
Hand etwas öffnen
setzt ein **Schmet**ter**ling** sich da**rauf**.
Linke Hand öffnet und schließt sich schnell, der Schmetterling landet auf der anderen Hand
Beide **wie**gen **sich** im **Wind**,
Hände hin und her bewegen
der **Schmet**ter**ling** fliegt **fort** ge**schwind**.
Linke Hand verschwindet hinter dem Rücken, die rechte bleibt eine offene Blüte
Nun **ist** die **Blu**me **ganz** al**lein**
und schläft **ru**hig **wie**der **ein**.
Die Knospe schließt sich wieder

Das Stück lässt sich zunächst als Fingerspiel und dann mit dem ganzen Körper darstellen.

Frühlingszeit

mündlich überliefert/Wolfgang Hering

Wir zählen heute eins, zwei, drei,
An der Hand abzählen
Frühlingssonne, komm vorbei.
Mit der Hand zum eigenen Körper winken
Begleitet von dem warmen Wind,
Pusten
erfreut das sicher jedes Kind.
Das Fahrrad holen wir aus dem Keller,
dann geht's los, und wir fahr'n schneller
Fahrbewegungen und Klingelgeräusche
den Berg hinauf, den Berg hinunter,
Hände hoch und runter
da werden alle Kinder munter.
Wir klingeln, kommt uns jemand quer,
und sausen weiter umso mehr.
Die Vögel zwitschern, der Kuckuck schreit.
Pfeifen und „Kuckuck" rufen
Halli, hallo, es ist Frühlingszeit.
Winken

Auf dem Birnbaum

Auf dem Birnbaum in unserem Garten
Linke Hand ist der Baum
sitzen fünf Vögel und warten.
Finger der rechten Hand setzen sich auf den Baum
Zwei wollen sich ein Nestchen baun,
Hände bilden das Nest
die anderen sitzen da und schaun.
Hin und her schauen
Sie fliegen hin und fliegen her,
Hände flattern hin und her
ach, wenn das Nest doch fertig wär.
Hände bilden das Nest
Da schleicht sich die Katze an.
Finger machen Schleichbewegungen
Husch, sind sie fort sodann.
Klatschen

Endlich Frühling

"Endlich Frühling", sagt die Sonne
und steigt zum Himmel voller Wonne.
„Meine warmen Arme werde ich strecken
und dann alle Freunde wecken.
Finger der linken Hand spreizen, Hand steigt über den Kopf
Den Krokus wärm ich dieses Mal
als ersten auf mit meinem Strahl."
Daumen der linken Hand berührt den Daumen der rechten
„Vielen Dank, Frau Sonne! Wie geht's denn so?",
fragt der kleine Krokus und streckt sich froh.
Rechter Daumen streckt sich
„Den zweiten Strahl, sonnenwarm und wunderbar,
schenk ich der roten Tulpenschar."
Zeigefinger der linken Hand berührt den Zeigefinger der rechten
„Vielen Dank, Frau Sonne! Wie geht's denn so?",
sagt die Tulpe und streckt sich froh.
Rechten Zeigefinger strecken
„Beim dritten Strahl lass ich frohlocken,
da läuten alle Osterglocken."
Mittelfinger der linken Hand berührt den Mittelfinger der rechten
„Vielen Dank, Frau Sonne! Wie geht's denn so?",
sagt die Osterglocke und streckt sich froh.
Rechten Mittelfinger strecken
„Beim vierten Strahl, da will ich sehn
die Butterblume, gelb und schön."
Ringfinger der linken Hand berührt den Ringfinger der rechten
„Vielen Dank, Frau Sonne! Wie geht's denn so?",
sagt die Butterblume und streckt sich froh.
Rechten Ringfinger strecken
Nur die fünfte muss die Sonne vermissen.
Welche, das würdet ihr jetzt gern wissen?
Tage später streckt sie ihre Blüten ans Licht:
„Frau Sonne, ich heiße Vergissmeinnicht!"
Rechten kleinen Finger strecken

Die Riesenhände

Wolfgang Hering

Kinder, es be**gann** heute **Mor**gen,
ich **zog** wohl das **gro**ße **Los**.
Es **war** so **wie** ein **Wun**der,
meine **Hän**de waren **rie**sen**groß**.

Sie **zo**gen mich **in** die **Hö**he,
be**rühr**ten die **Dec**ke ganz **knapp**.
Sie **wa**ren schwer **wie** ein **Bag**ger,
ich be**weg**te sie **auf** und **ab**.

Dann **streck**te ich **sie** in die **Son**ne,
in den **war**men **Wind** hi**naus**.
Sie **mö**gen hohe **Tem**pera**tu**ren,
und **schweb**ten di**rekt** vor dem **Haus**.

Dann **gin**gen wir **al**le **ba**den.
Die **Hän**de **lie**ben es **nass**.
Wir **stürz**ten uns **in** die **Flu**ten.
Die **Plat**scher, die **wa**ren **krass**.

Dann **wur**den wir **rich**tig **sport**lich
und **ha**ben Feder**ball** ge**spielt**
und **da**nach gab's **Li**mo**na**de,
saftig, **fruch**tig und **eis**ge**kühlt**.

Die **Hän**de wurden **aus**ge**las**sen,
schön, **wenn** man sie **to**ben **lässt**.
Ja, es **gab** ganz **tol**le **Kra**cher,
sie **klatsch**ten mal **rich**tig **fest**.

Sie **war**fen gi**gan**tische **Schat**ten,
fast so **groß** wie ein **Baum**,
und **a**bends da **gin**gen sie **schla**fen
und **träum**ten einen **gro**ßen **Traum**.

Versuchen Sie, sich mit den Kindern gemeinsam vorzustellen, was passiert, wenn die Hände wachsen und riesengroß werden.

Die Sonnenblume

Siehst du den Kern, ganz fest und klein,
den steck ich in die Erde rein.
Daumen und Zeigefinger zeigen kleinen Abstand, Kern pantomimisch in die Erde stecken
„Du kleines Kernchen weißt noch nicht,
was aus dir einmal wachsen wird."
Hände bilden eine kleine Kugel
„Vielleicht werd ich ein großer Baum,
vielleicht auch nur ein kleiner.
Nur Körnchen bleiben will ich nicht,
hier unten sieht mich keiner."
Da kommt der Regen, drippel, dropf,
trifft auf die Erde, tropf, tropf, tropf.
Finger tippeln auf der Hand
Da sagt die Sonne: „Ohne mein Licht
wächst du kleiner Kern wohl nicht."
Gespreizte Finger stellen die Sonne dar
Die Sonne scheint über Garten und Feld,
sodass es dem kleinen Kern gefällt.
Bald steckt er ein grünes Spitzchen hervor
und reckt und schiebt sich hoch empor.
Ein Finger schiebt sich zwischen den Fingern der anderen Hand empor
Da wächst die Blume schnell heran,
guckt sich die Rose von oben an.
Ein Arm wird zur Sonnenblume
Die Sonnenblume sagt zum Zaun:
„Wie groß ich schon bin,
ich dreh mich immer zur Sonne hin."
Nun guckt sie über die Zaunlatten raus.
Der andere Arm wird zum Zaun
Wächst sie noch höher als das Haus?
Da sagt die Sonne: „Nun halt mal an,
dass dein grüner Korb braun werden kann!
Die dicken Körner, braun und fein,
sollen für die Vögel der Winterschmaus sein."
Bald ist die Erde ganz verschneit,
die Vögel fliegen her ganz weit.
Hier ein Zeh und dort ein Zeh
in dem tiefen, tiefen Schnee.
So viel Körner, ei der Daus,
liegen heut im Vogelhaus.
Und die Vögel piepsen vor der Tür:
„Liebe Sonnenblume, wir danken dir!"

4. In der kalten Jahreszeit

Drachen können viele Sachen

Drachen **kön**nen **vie**le **Sa**chen,
Eine Hand ist der Drachen
beispiels**wei**se **Sal**tos **ma**chen.
Hand nach oben und unten drehen
Steigen, **fal**len, ste**hen****blei**ben,
Auf und nieder bewegen und innehalten
zeichnen, **in** den **Him**mel **schrei**ben.
Ein Bild in der Luft skizzieren
Dazu **braucht** ein **Dra**che **Wind**,
Den Drachen anpusten
auß**er****dem** ein **net**tes **Kind**,
Auf ein Kind zeigen
das die **Schnur** im **Händ**chen **hält**,
Linke Hand hält eine imaginäre Schnur
weil der **Dra**che sonst **run**ter**fällt**.
Mit der Hand auf den Oberschenkel patschen

Herbst

Viele Bäume stehn im Kreis.
Alle Finger stellen die Bäume dar
Der Wind bewegt die Blätter leis.
Da kommt der Sturmwind herangezogen,
und die Bäume werden verbogen.
Finger krümmen sich
Der Sturmwind knickt auch Äste um,
da tanzen die Blätter im Kreis herum.
Doch zieht der Sturmwind wieder fort,
stehen alle Bäume am alten Ort.
Finger wieder strecken

Herr Wind

Hu, hu, so kalt bläst heut Herr Wind.
Hände gegeneinander halten, vorne eine Tür öffnen und hineinblasen
Mein Türchen mach ich zu geschwind
und öffne nun ein andres da drüben.
„Ich blase auch da, ganz nach Belieben."
Hände an einer anderen Stelle öffnen und hineinblasen
Ich zieh auch jenes wieder zu
und ruf vergnügt: „Bleib draußen, du!"
Öffnung schließen
Der Wind, der macht ein böses Gesicht.
Das Eichhörnchen drinnen sieht es nicht.
Der Wind rüttelt an dem Baum,
das Eichhörnchen drinnen merkt es kaum.
Es lässt dem Winde seinen Lauf
und knackt sich ein paar Nüsse auf.
Hände rütteln, bei „knackt" klatschen.

Die Bärenhöhle

Der Wind weht stürmisch kalt
durch den Wi-, Wa-, Winterwald.
Friert dem kleinen Bär der Bauch,
friert es ihm am Rücken auch.
Mutter Bär sagt: „Schau mal her,
wir bauen eine Höhle, das ist nicht schwer!
Kriechen wir in die Höhle hinein,
da wird es warm und sicher sein!
Kuscheln wir uns dicht an dicht,
da frieren wir im Winter nicht.
Und scheint im Frühling die Sonne aufs Haus,
da kriechen wir aus der Höhle heraus.
Brumm, brumm, brumm,
die Winterzeit ist um!"

Ein Daumen stellt Mutter Bär dar; der kleine Finger übernimmt die andere Rolle.

Unser Vogelhaus

Wolfgang Hering

Jetzt wird es draußen kalt,
und Schnee fällt sicher bald.
Die Vögel fliegen hin und her
und finden oft kein Futter mehr.

Komm, bauen wir ein Haus
und streuen Futter aus
für uns're liebe Vogelschar,
grad so wie im letzten Jahr.

Da kommen Vögel nach und nach,
weil jeder gerne Körner mag.
Sie picken jetzt in einer Tour
so lebt's sich gut in der Natur.

Die Kinder legen Futter nach,
die Vögel kommen Tag für Tag.
Und wird es wärmer immerfort,
verschwinden sie von diesem Ort.

Beide Hände sind die Flügel der Vögel. Bauen Sie mit den Händen das Haus. Am Ende verschwinden die Vögel hinter dem Rücken.

Die Rodelpartie

Was zappelt da so wild im Schnee
und streckt die Schuhe in die Höh?
Zwei Finger nach oben strecken
Da fährt ein Schlitten ganz allein.
Die andere flache Hand stellt den Schlitten dar
Wo mag denn nur der/die (*Namen einsetzen*)
sein?
Zieht einmal fest an diesen Beinen.
Ich glaub, ich hör da etwas weinen.
Schaut an, da kommt ein Schneemann raus.
Ein Daumen wird hochgestreckt
Der schaut ja wie der/die (*Namen einsetzen*)
aus.
Klopft ihm den Schnee aus seiner Jacke,
wischt ihm die Tränen von der Backe,
sonst wachsen ihm noch unterm Kinn
Eiszapfen bis zum Nabel hin.

Im warmen Haus

Im Haus seht ihr fünf Finger sitzen.
Der erste Finger sagt: „Wir schwitzen!“
Der zweite sagt: „Hier ist es heiß!“
Der dritte wischt sich schon den Schweiß.
Der vierte ruft nach einem Eis.
Der fünfte stellt die Heizung aus.
Da wird es kalt im ganzen Haus.
Nun zittern alle Finger sehr:
„Ach, wenn's doch wieder wärmer wär!“

Sie können mit dem Daumen oder dem kleinen Finger anfangen. Am Ende zittern die Finger vor Kälte. Stellen Sie das Stück erst mit einer Hand, dann mit der anderen dar.

Das Büblein auf dem Eis

überliefert/leicht überarbeitet

Gefroren hat es heuer,
noch gar kein festes Eis.
Das Büblein steht am Weiher
und spricht zu sich ganz leis:
„Ich will es einmal wagen,
das Eis, es muss doch tragen.
Wer weiß!“

Das Büblein stapft und hackt
mit Stiefeln fest hinein.
Das Eis auf einmal knackt,
und Krach, schon bricht es ein.
Das Büblein platscht und krabbelt
als wie ein Krebs und zappelt
mit Armen und mit Bein.

„Oh helft, ich muss versinken
in lauter Eis und Schnee.
Oh helft, ich muss ertrinken
im tiefen, tiefen See!“
Wär nicht ein Mann gekommen,
der sich ein Herz genommen,
o weh!

Der packt es bei dem Schopf
und zieht es dann heraus,
vom Fuß bis zu dem Kopf
wie eine Wassermaus.

Das Büblein hat gezittert
noch eine Ewigkeit.
Der Vater war ganz zornig,
die Mutter hat's gefreut.

Fünf kleine Weihnachtsmäuse

Nr. 7

Text: Barbara Cratzius/Musik: Bernd Meyerholz

Fünf kleine Weihnachtsmäuse,
ja, die seh ich hier.
Die trippeln rasch zum Nikolaus:
„Komm, wir helfen dir."
„Komm, wir helfen dir."
„Komm, wir helfen dir."

Da ist die erste schon,
die reckt sich in die Höh.
Sie spannt sich vor den Schlitten schnell
und zieht ihn durch den Schnee.

Seht ihr die zweite dort,
die ist ja so geschickt.
Sie hat ganz dicke Wollhandschuh
dem Nikolaus gestrickt.

Da ist die dritte schon,
die steht am Tisch und rührt
und hat vom süßen Plätzchenteig
ganz heimlich schon probiert.

Seht ihr, die vierte backt
ein Pfefferkuchenhaus,
die Hexe, ganz aus Marzipan,
die guckt zum Fenster raus.

Und nun die kleinste hier,
die stapft durch Eis und Schnee
und bringt dem alten Nikolaus
rasch seinen Hustentee.

Die Finger einer Hand werden zu Weihnachtsmäusen und haben nacheinander – passend zu jeder Strophe – ihren Auftritt.
Variante: *Schön ist es auch, für jede Maus eine kleine Fingerpuppe zu basteln. Oder, um die lange Zeit vor Weihnachten zu verkürzen, ein Bild für jede Strophe zu malen.*

Der Zappelhandschuh

mündlich überliefert/Wolfgang Hering

Ich **ha**be einen **Hand**schuh,
der **hält** niemals **still,**
macht mit meiner **rech**ten Hand
einfach was er **will**.

Mal **fasst** er meine **Na**se,
und **zieht** an meinem **Ohr**,
wühlt sich in mein **Haar** hinein,
stell **dir** das einmal **vor**.

Er **klatscht** mit meiner **Lin**ken,
und **strei**chelt meinen **Bauch**.
Er **trom**melt auf mein **rech**tes Knie
und das linke **auch**.

Er **zap**pelt mit den **Fin**gern,
und **kit**zelt mich am **Kinn,**
zwickt mich hier und **zwackt** mich da,
bis ich sauer **bin**.

Dann **den**ke ich, er **nervt** mich,
so **ei**ne blöde **Maus.**
Ich **zieh** mit meiner **lin**ken Hand,
den **Hand**schuh einfach **aus**.

Sehr gut eignet sich für das Spiel ein Handschuh mit angenähten Glöckchen. Sie können das Stück auch mit einem Kind als Partnerspiel durchführen.

Fünf Kerzen

Wolfgang Hering

Schaut zum Geburtstagskuchen,
zu den fünf Kerzen her.
Ja, wie sie heute leuchten,
mein Herz, was willst du mehr.
Du bläst erstmal mit viel Geschick,
und es bleiben vier zurück.
Du versuchst es kurz mit „Hei“,
und jetzt sind es nur noch drei.
Dann bläst du fest, ganz wunderbar,
es steht vor dir nur noch ein Paar.
Es kommt von dir ein zarter Hauch,
das vierte Licht verlöscht jetzt auch.
Mit ganzer Kraft und viel Gebraus,
bläst du die letzte Kerze aus.

Die Finger verschwinden nach und nach hinter dem Rücken.

Frau Schenkel und Frau Klatsch

Wolfgang Hering

Frau **Schen**kel **und** Frau **Klatsch**
ver**bie**ten **je**den **Quatsch.**
Die Zeigefinger wackeln hin und her
Sie **woh**nen **da** und **hier**
und **ste**hen oft **an** der **Tür.**
Tür aufziehen
Frau **Schen**kel ver**zieht** ihr Ge**sicht,**
laute **Kin**der **mag** sie **nicht.**
Ohren zuhalten
Frau **Klatsch,** die **pflich**tet ihr **bei,**
Kinder **ma**chen **nur** Ge**schrei.**
Frau **Schen**kel **schimpft** he**rum,**
ihr **bringt** mich **al**le **um.**
Zeigefinger am Hals entlangziehen
Frau **Klatsch** und **auch** Frau **Schen**kel,
die **ha**ben **kei**ne **En**kel.
Eines **Tags** ist **drau**ßen **Matsch,**
und da **läuft** doch **die** Frau **Klatsch,**
hält nach **o**ben **hoch** ihr **Kinn,**
Kopf nach hinten
und **fällt** auf die **Na**se **hin.**
Ihr **Bein,** das **kommt** in **Gips,**
Bein steif machen
im **Schrank** gibt's **nur** noch **Chips.**
Frau **Schen**kel **geht's** auch nicht **nett,**
sie **liegt** mit **Grip**pe im **Bett.**
Kopfkissen andeuten
Die **Kin**dergruppe **klin**gelt **dann,**
fragt, **ob** sie **hel**fen **kann.**
Nur zu **lie**gen ist **doch** ge**mein**
wir **kau**fen für euch **bei**de **ein.**
Frau **Schen**kel **und** Frau **Klatsch**
schreiben **Ein**kaufs**zet**tel, **ratsch,**
Auf eine Hand schreiben
Ja, die **Kin**der **hel**fen **mit,**
die **Frau**en werden **wie**der **fit.**
Frau **Schen**kel **und** Frau **Klatsch**
machen **mit** den **Kin**dern **Quatsch.**
Fragen Sie, wie die Kinder „Quatsch“ darstellen wollen
Sie **sind** mit den **Klei**nen ver**traut.**
Frau **Schen**kel lacht be**son**ders **laut,**
wenn sie **mit** Frau **Klatsch** dort **steht,**
sind **bei**de richtig **auf**ge**dreht.**

Als rhythmische Begleitung klatschen und patschen Sie – immer abwechselnd – das gesamte Stück durch.
Varianten: *Sie sprechen das Gedicht, und jeweils bei der Namensnennung der beiden Frauen klatschen die Kinder oder schlagen sich auf die Oberschenkel.*
Versuchen Sie, das Stück mit zwei Gruppen und verteilten Rollen zu spielen.

Fünf Engel

Das ist der erste Engel,
der bringt das Licht in den Raum.
Das ist der zweite Engel,
der bringt den Tannenbaum.
Das ist der dritte Engel,
der bringt den Schmuck heran.
Das ist der vierte Engel,
der steckt die Kerzen an.
Und der fünfte Engel schnell
läutet mit dem Glöckchen hell.

Nacheinander alle fünf Finger zeigen.

Der Mond, der steht am Himmelszelt

Der Mond, der steht am Himmelszelt
Hände zu Kugel formen und nach oben halten
und schaut auf diese große Welt.
Arme ausbreiten
Er sagt den Fischen „Gute Nacht",
Schwimmbewegungen machen
hält bei den Vögeln treue Wacht.
Arme ausbreiten und wie ein Vogel flattern
Er schickt den kühlen Wind nach Haus
Mit den Händen Trichter formen und durchblasen
und bläst die Straßenlampen aus.
Nochmal blasen
Jetzt hat er für dich ganz viel Zeit.
Kind streicheln
Leg dich jetzt hin, mach dich bereit
Kind hinlegen und zudecken
für die ruhige, lange Nacht,
der Mond gibt ganz gut auf dich Acht.

Das Eisbärkind

mündlich überliefert/Wolfgang Hering

Eingewickelt in Mutters Felle,
Mit der linken Hand Schale bilden
da liegt das Eisbärkind.
Rechte Hand kuschelt sich in die linke
Es rührt sich gar nicht von der Stelle,
Linke Hand ruhig halten
denn kalt ist hier der Wind.
Pusten
Die Mutter wiegt es hin und her,
Leicht die linke Hand hin und her bewegen
das Eisbärkind schläft ein.
Das Ruhen fällt ihr schwer,
das Kleine schläft jetzt fein.
Die linke Hand leicht schließen
Das Baby träumt in Mutters Arm
von sehr viel schönen Sachen.
Leicht die linke Hand hin und her bewegen
Der Mutter wird's dabei ganz warm,
sie muss vor Freude lachen.
Es dunkelt schon,
es kommt die Nacht,
die Sterne funkeln fein.
Die Mutter hält noch treue Wacht,
doch bald schläft sie auch ein.
Den Kopf senken

5. Holländer, Polen und andere nahe Nachbarn

Zeit fürs Bett
Wolfgang Hering

„Zeit fürs Bett“, sagt der Daumen.
„Ich möchte aber noch Pflaumen!“
„Sehr gut“, sagt der Zeigefinger,
„wo gibt's denn die süßen Dinger?“
Und es fragt der mittlere Finger:
„Wo kann ich die süßen Früchte finden?“
„In Opas Kühlschrank ganz hinten!“,
sagt der Ringfinger. „Jetzt folgen Taten!“
Da sprich der Kleine, der Teufelsbraten:
„Ich werde es Papa und Mama verraten.“

Naar bed, naar bed
Originaltext aus Holland

„Naar bed, naar bed“, zei Duimelot,
(„Ins Bett, ins Bett“, sagt der Daumen.)
„Eerst nog wat eten“, zei Likkepot,
(„Erst noch was essen“ sagt der Zeigefinger)
„Waar kunnen we dat halen?“, vroeg Langejan,
(„Wo können wir denn naschen?“, fragt der Mittelfinger.)
„In grootvaders kastje“, zei Ringeling,
(„In Opas Schränkchen“, sagt der Ringfinger.)
„Dat zal ik verklappen“, zei het Kleine Ding.
(„Das werde ich verraten“, sagt der kleine Finger)

Hände klatschen
Wolfgang Hering

Hände **klat**schen, **klopf**, klopf, **klopf**,
Klatschen und mit den Fäusten gegeneinanderklopfen
sie be**rühr'n** den **Kopf**, Kopf, **Kopf**.
Hände an den Kopf halten
Hände **in** die **Lüf**te,
Winken über dem Kopf
sie **grei**fen **in** die **Hüf**te.
Hände an die Hüften legen
So **fah**ren die **Schiff**e vor**bei.** 2 ×
Mit dem Oberkörper wippen

Klappen in de handjes
Originaltext aus Holland/Belgien

Klap eens in je **hand**jes, **blij** blij **blij**.
(Klatsch mal mit den Händen, freudig und froh)
Op je lieve (boze) **bol**letje, **alle**bei.
(über dein liebes/böses Köpfchen, beide Hände.)
Handjes in de **hoog**te,
(Hände in die Höhe,)
Handjes in je **zij**.
(Hände an die Seiten.)
Zo varen de **scheep**jes voor**bij**! 2 ×
(So fahren die Schiffe vorbei!)

Achten Sie bei diesem Stück auf den Rhythmus, und führen Sie alle Spielvorschläge aus. Bei „klopf" können Sie mit einer Hand in die andere klopfen. Im Original wird einmal ein lieber und dann ein böser Gesichtsausdruck gemacht. Die letzte Zeile – wenn wir auf dem Schiff schaukeln – wird im Dreierrhythmus gesprochen und kann wiederholt werden. Dazu von links nach rechts mitwippen.

Der Papierhut

Wolfgang Hering

Eins, zwei, **drei** und vier,
ich **nehm** ein Blatt Pa**pier**.
Basteln kann ich **gut**,
ich **falt**e einen **Hut**
aus Geschenkpa**pier**
und **schen**ke ihn dann **dir**.

Een, twee, drie, vier, hoedje van papier
Originaltext aus Holland

Een, twee, drie, vier, hoedje van papier.
(Eins, zwei, drei vier, Hut aus Papier.)
Als het hoeddje dan niet past,
(Wenn der Hut dann nicht passt,)
zetten weh et in de glazenkast.
(setzen wir ihn in den Glasschrank.)
En heb je dan geen hoedje meer,
(Und hast du dann kein Hütchen mehr,)
Maakt er een van wit papier.
(dann mache dir eins aus weißem Papier.)
Een, twee, drie, vier, hoedje van papier.
(Eins, zwei, drei vier, Hut aus Papier.)

Bei dem Stück bekommen die Kinder jeweils ein buntes (eventuell selbst gemaltes) Blatt und falten ihren Hut, während der Text gesprochen wird.

Variante als Kreisspiel: *Wer den Hut trägt, läuft herum und sucht sich ein neues Kind aus.*

Hompeltje en Pomeltje

Hompeltje en Pomeltje woonden op een berg.
(Himpelchen und Pimpelchen wohnten auf dem Berg.)
Hompeltje was een kaboutertje
(Himpelchen war ein Gartenzwerg,)
en Pompeltje een dwerg.
(und Pimpelchen war ein Zwerg.)
Ze klommen samen naar het topje
(Zusammen erklommen sie den Gipfel)
en schudden, schudden met hun kopje.
(und schüttelten ihre Köpfe.)
Maar toen zijn ze achter de berg gegaan
(Aber dann sind sie auf die andere Seite hinter den Berg gegangen.)
en niemand zag ze toen meer staan.
(Keiner sah sie danach mehr stehn.)
Daar liggen ze nu samen op één oor.
(Da hatten sie sich zusammen aufs Ohr gelegt.)
Wacht, ik denk dat ik ze al hoor –
(Warte, ich glaube, ich höre sie …)
ja hoor, daar zijn ze weer!
(Ja, horch, da sind sie wieder.)

Eine holländische Version des bekannten und beliebten Stücks „Himpelchen und Pimelchen".

Wir fangen mit dem Essen an

Wolfgang Hering

Der Daumen sagt: „Mir knurrt der Bauch."
Der Zeigefinger: „Meinen hör ich auch".
Der Mittelfinger: „Ich bin schon unterwegs,
ich zeig euch eine Tasche mit Schokokeks."
Der Ringfinger ruft: „Nur ruhig Blut,
ein Keks schmeckt sicher supergut."
Der Kleine drängt: „Beeilt euch bloß,
ich nasch so gern – auf los geht's los."

Tummetott

Originaltext aus Schweden

„Jag är hungrig", sa Tummetott.
(„Ich bin hungrig", sagt der Daumen.)
„Jag me" sa Slickepott.
(„Ich auch", sagt der Zeigefinger.)
„Vi tittar i väskan" sa Långeman.
(„Wir schauen in die Tasche", sagt der Mittelfinger.)
„Det ska bli gott", sa Gullebrand.
(„Da finden wir etwas Gutes", sagt der Ringfinger.)
„Nu börjar vi" sa lille Vickevire.
(„Nun fangen wir an", sagt der kleine Finger.)

Bei diesem einfachen Fingerspiel fangen Sie mit dem Daumen an. Es kann gut zu Beginn eines gemeinsamen Essens gespielt werden.

Kenntihr den Sandmann

Nr. 8

Deutscher Text: Wolfgang Hering/Musik: Ole Jacobsen

Kennt ihr den Sandmann mit seinem Säckchen,
kommt zu den Kindern in jedes Eckchen,
streut in die Zimmer mit seiner Hand
für jedes Kind den zarten Sand.

Er kommt am Abend in jedes Hüttchen,
kennt Cinderella und auch Schneewittchen.
Mit Peter Pan, da ist er bekannt,
kennt alle Stars im Märchenland.

Ja, er durchschaut die vielen Träume,
fliegt über Häuser und auch die Bäume.
Er kennt sich aus, ist wirklich nicht dumm
und schwebt mit Regenschirm herum.

Abends, da dreht der Sandmann die Runden,
und dann am Morgen ist er verschwunden,
hat ganz gewiss kein Kind versäumt,
viele, die haben von ihm geträumt.

Das dänische Stück wurde von Peter Lemche im Jahre 1873 geschrieben. Es hat einen ungewöhnlich großen Tonumfang. Sie können den Text leicht umsetzen, z. B. das Streuen des Sandes, das Fliegen mit dem Regenschirm oder das Schlafen auf einem Kopfkissen. Der Sandmann wird von einem Finger oder einer Fingerpuppe gespielt.

Lille Ole med Paraplyen

Originaltext der ersten Strophe aus Dänemark

Den lille Ole med paraplyen,
ham kender alle småfolk i byen,
hver lille pige, hver lille dreng,
han lægger sødt i sin lille seng.

Der Daumen fiel in den Teich

Wolfgang Hering

Der Daumen fiel in den Teich.
Der holte ihn raus sogleich.
Der brachte ihn heim, das war nett.
Der steckte ihn direkt ins Bett.
Der hat zu Haus gefehlt
und es allen Leuten erzählt.

Tommeltot faldt i Vand

Originaltext aus Dänemark

Tommeltot faldt i Vand.
(Der Daumen fiel ins Wasser.)
Slikpot tog ham op.
(Der Zeigefinger holte ihn heraus.)
Langemand bar ham hjem.
(Der Mittelfinger brachte ihn nach Haus.)
Guldbrand redte seng,
(Der Ringfinger machte ihm das Bett.)
lille Per Spillemand rend hjem å sladret.
(Der kleine Finger rannte nach Haus und hat es allen erzählt.)

Dieses Fingerspiel oder ähnliche Fassungen gibt es auch in anderen Sprachen.

Die Familie

Wolfgang Hering

Das ist Papa.
Das ist Mama.
Das ist Opa.
Das ist Oma.
Und wer ist nie alleine?
Das ist der Kleine.

To je táta

Originaltext aus Tschechien

To je táta,
(Das ist Papa.)
to je máma,
(Das ist Mama.)
to je dědek,
(Das ist Opa.)
to je bába,
(Das ist Oma.)
to je vnouček,
(Und dieser ist der Enkel,)
malý klouček.
(das ist ein kleiner Junge)

Einfacher und kürzer geht's nicht. Beginnen Sie mit dem Daumen.

Das Kätzchen

Wolfgang Hering

Das Kätzchen ruft: „Miau,
mir ist im Magen flau."
„Was möchtest du genau?"
„Ich liebe Milch so sehr.
Mein Schälchen, das ist leer,
ich hätte gern noch mehr."

Das Kätzchen seufzt: „Oh, oh,
ich bin schon ganz K. O.,
hab Durst jetzt geradeso!
Ich träum schon kunterbunt,
ein Fluss im Vordergrund
voll Milch bis auf den Grund."

„Ach Kätzchen, sei doch brav.
Ach Kätzchen, bitte schlaf
und zähle Schaf für Schaf."
Das Kätzchen schläft zum Schluss
und trinkt im Traum vom Fluss
die Milch mit viel Genuss.

Bei diesem Spielvers können Sie jeweils nach drei Zeilen eine kleine Pause machen. Eine Hand wird zur Katze, die andere stellt den Fluss dar.

Kotek

Originaltext aus Polen

Miauczy kotek: miau!
(„Miau", sagt das Kätzchen.)
Coś ty kotku chciał?
(„Was möchtest du, kleines Kätzchen?")
„Miałem ja miseczkę mleczka,
(„Ich hatte ein Schälchen Milch,)
teraz pusta już miseczka,
(jetzt ist das Schälchen leer,)
a jeszcze bym chciał."
(und ich hätte gern noch mehr.)

Wzdycha kotek, o!
(„Oh", seufzt das Kätzchen.)
Co ci kotku, co?
(„Was ist denn, kleines Kätzchen?")
„Śniła mi się wielka rzeka,
(„Ich träumte von einem großen Fluss,)
wielka rzeka pełna mleka
(einem Fluss voll Milch,)
aż po samo dno."
(voller Milch bis auf den Grund.")

Pisnął kotek, piii!
(„Pii", sagt das kleine Kätzchen.)
spij, koteczku, spij!
(„Schlaf, Kätzchen, schlaf.")
Skulił ogon, zmrużył ślipie,
(Rollt sein Schwänzchen ein, kneift die Augen zusammen,)
śpi i we śnie mleczko chlipie,
(schläft nun und schlabbert im Traum Milch,)
bo znów mu się śni.
(weil es schon wieder davon träumt.)

Maikäfer und Würmer

Wolfgang Hering

Ein kleiner Maikäfer
traf fünf kleine Würmer.
Diesen kannte er aus alten Zeiten,
diesen knuffte er in die Seiten,
dem winkte er nur zu.
Den drückte er in einem Nu,
und dem sagte er „Auf Wiedersehn"
und flog weg im Handumdrehn.

Biedroneczka mała

Originaltext aus Polen

Biedroneczka mała,
(Ein kleiner Marienkäfer)
Robaczki spotkała,
(traf ein paar kleine Würmer.)
Z tym się przywitała,
(Er grüßte diesen,)
Tego pogłaskała,
(streichelte jenen,)
Temu pomachała,
(winkte dem dritten zu,)
Tego zabrać chciała,
(den vierten wollte er mitnehmen,)
Tego pożegnała.
(vom fünften verabschiedete er sich)
I do nieba poleciała.
(und flog in den Himmel.)

Eine Hand spielt den Käfer. Bei der anderen Hand können Sie mit kleinem Finger oder Daumen beginnen.

Auf dem Tisch

Wolfgang Hering

Auf dem Tisch im Zimmer
stand Milch und noch ein Ei.
Kam die Katze, trank die Milch,
das Ei fiel runter dabei.
Kam die Frau des Hauses,
verscheuchte die Katze sofort,
sah den Schlamassel am Boden
und warf dann alles fort.

W pokoiku na stoliku

Originaltext aus Polen

W pokoiku na stoliku
(Auf dem Tisch im Zimmer)
Stało mleczko i jajeczko.
(standen eine Schüssel Milch und ein Ei.)
Beide Hände werden zur Milchschale, dann wird mit Daumen und Zeigefinger ein Ei gezeigt
Przyszedł kotek, wypił mleczko
(Kam die Katze, trank die Milch,)
Eine Faust wird zum Katzenkopf
I ogonkiem zbił jajeczko
(zerbrach mit dem Schwanz das Ei.)
Eine Hand geht zum Boden
Przyszła pani, kotka zbiła
(Kam das Frauchen, scheuchte die Katze vom Tisch)
Mit der Hand scheuchen
A skorupki wyrzuciła.
(und warf die Eierschalen fort.)
Die Hände verschwinden hinter dem Rücken

Dort oben auf dem Berge

Nr. 9

Text: Wolfgang Hering/Musik: trad.

Dort oben auf dem Berge
steht eine Geis ganz still.
Ich will sie heute melken,
und sie zeigt mir, dass sie das nicht will.

Refrain:
Dulli duhli …

Sie hat mich gleich getreten,
ich leide daran noch sehr.
Ich melke drum mein Lebtag
keine blöde Ziege mehr.

Döt oobe uf em Bergli
Originaltext aus der Schweiz

Döt oobe uf em Bergli,
do stoht e wiissi Geiss.
I ha si wölle mälche, (melken)
da zackt sie mir eis.
(Sie hat mir eins verpasst)

Refrain:
Dulli duuli dulli duuli,
dulli dulli dulli dulli duuli,
dulli duuli dulli duuli,
dulli dulli dulli dulli dumm.

Si het mer eis g'haue,
das tuet me so weh,
drum mälch i miner Läbdig
kei wiissi Geiss meh.

Das Schwytzerdütsch ist für uns meist zu verstehen. Stellen Sie die kleine Liedgeschichte z. B. mit folgenden Gesten dar: Der Berg wird von zwei schräg aneinander gelegten Händen angedeutet, der Kopf der Geiß mit einer Hand, das Melken mit beiden Händen .

Der Prater

Fingerspiel aus Österreich

Meine kleinen Fingerlein
wollen in den Prater gehn.
Der Daumen, dieser dicke Mann,
der fährt gleich mit der Grottenbahn.
Der Zeigefinger keck und munter,
der schaut vom Riesenrad herunter.
Der Mittelfinger ruft: „Hurrah,
die Hochschaubahn ist auch schon da!"
Der Ringfinger, der sagt nicht viel
und setzt sich gleich aufs Ringelspiel.
Der Kleine aber sagt: „Vom ganzen Prater
ist mir am liebsten das Kasperltheater."

Dit is de Dumn

Originaltext in Mecklenburger Platt

Dit is de Dumn,
(Das ist der Daumen.)
de schüddelt de Plumn,
(Der schüttelt die Pflaumen.)
de läst se up,
(Der liest sie auf.)
de frätt se up,
(Der frisst sie auf.)
de Lütt geiht hen un seggt 't Muddern.
(Der Kleine geht nach Haus und erzählt es der Mutter.).

6. Englisch – die Weltsprache

Fünf bunte Vögel

Wolfgang Hering

Fünf bunte Vögel fliegen vor der Tür,
ein Blauer verschwindet, da sind es noch vier.
Vier bunte Vögel fliegen am Baum vorbei,
ein Gelber versteckt sich, da sind es nur noch drei.
Drei bunte Vögel hören einen Schrei,
ein Roter haut ab, da sind es nur noch zwei.
Zwei bunte Vögel träumen im Sonnenschein,
ein Brauner erhebt sich, da bleibt einer allein.
Ein grüner Vogel denkt sich: „Was mach ich hier denn nur?"
Er startet in die Lüfte zu einer kleinen Tour.
Später dann am Tage, das ist ein großes Glück,
da kommen alle Vögel zum Ausgangsplatz zurück.

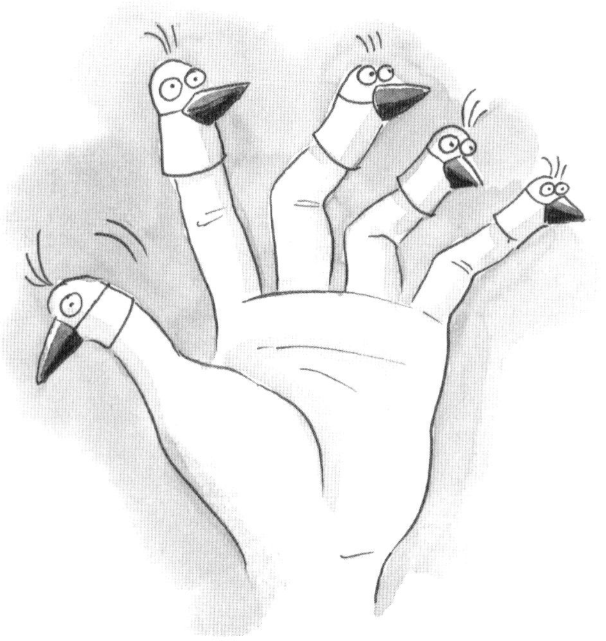

Five Little Birdies

Five little birdies, flying around our door,
the blue one flew away and then there were four.
Four little birdies sitting in a tree,
the yellow one flew away and then there were three.
The little birdies didn't know what to do,
so the red one flew away, and then there were two.
Two little birdies sitting in the sun,
the brown one flew away, and there was one.
The little green birdie felt so all alone,
he/she flew away and then there was none.
Later on that very day,
five little birdies came back to play.

Fünf Finger werden in die Luft gehalten. Sie können mit verschiedenen Farben bemalt werden. Nach und nach verschwinden die Vögel hinter dem Rücken. Sie können auch andere Farben verwenden und z. B. das Stück mit der anderen Hand in einer anderen Version wiederholen.

Piep, piep

Wolfgang Hering

Fünf Vögel leben in einem Nest.
Die rechte Hand hochhalten und die fünf Vögel darstellen
Sie haben Hunger dort im Geäst.
„Piep" ruft der erste in den Wald,
Mit einem Finger zappeln
die Mama bringt sicher Futter bald.
„Piep, piep" meldet sich da Nummer zwei.
„Was machen wir, kommt sie nicht herbei?"
„Piep, piep, piep", man hört den dritten kaum.
„Hoffentlich findet sie unseren Baum."
„Piep, piep, piep, piep", der vierte fleht:
„Die Mama war noch nie so spät."
„Piep, piep, piep, piep, piep, ich warte auch",
dem fünften Vogel knurrt der Bauch.
Da fliegt die Mama ins Nest hinab,
Die linke Hand ist die Mama, die ihre Kinder füttert
beim Füttern geht's gleich richtig ab.

Peep, Peep

Five little birds in a nest in a tree
are just as hungry as can be.
„Peep", said baby bird number one.
Mother bird promised she would come.
„Peep, peep", said baby bird number two,
If she doesn't come what will we do?
„Peep, peep, peep", said baby bird number three,
I hope she can find this tree.
„Peep, peep, peep, peep", said baby bird number four,
she never was so late before.
„Peep, peep, peep, peep, peep", said baby bird number five,
when will our mother bird arrive?
Well, here she comes to feed her family.
They're all as happy as can be.

Der Witz dieses englischen Stückes besteht darin, dass immer ein „Peep" („Piep") hinzukommt.

Drei Münzen

Wolfgang Hering

Ein Geldbeutel hatte drei neue Münzen dabei.
Die erste ging weg für Pfefferminz, da waren es noch zwei.
Zwei kleine Münzen, die machten sich ganz dick.
Eine verschwand für Eiscreme, da blieb eine zurück.
Die schlüpfte in ein Sparschwein, da gebt ihr mich nicht aus.
Habt ihr mal Geldprobleme, dann holt ihr mich heraus.

Three little Nickels

Three little nickels in a pocketbook new,
Drei Finger werden hochgehalten
one bought a peppermint, and then there were two.
Ein Finger verschwindet in der Faust
Two little nickels before the day was done,
one bought an ice cream, and then there was one.
Ein weiterer Finger geht verloren
One little nickel I heard it plainly say,
„I'm going into the piggy bank for a rainy day!"
Nur noch die Faust ist zu sehen

Ein Spiel für nur drei Finger. Sie können die englische und deutsche Version jeweils mit verschiedenen Händen ausführen.

Fünf kleine Kobolde

Wolfgang Hering

Fünf kleine Kobolde an Halloween
sehen wir draußen vorüberziehn.
Der erste springt wie eine Tänzerin.
Der zweite fällt auf die Nase hin.
Der dritte fliegt wie ein Vogel daher,
der vierte tappst wie ein Wuschelbär.
Der fünfte singt eine Gruselpartie,
und so spielen alle bis morgens früh.

Five little Goblins

Five little goblins on a Halloween night
made a very, very spooky sight.
The first one danced on his Tippy-tip-toes.
The next one tumbled and bumped his nose.
The next one jumped high up in the air.
The next one walked like a fuzzy bear.
The next one sang a Halloween song.
Five goblins played the whole night long.

Sie können entweder mit Daumen oder mit kleinem Finger beginnen.

Zwei dicke Männer

Wolfgang Hering

Zwei dicke Männer
in einer schmalen Schlucht,
verbeugten sich mal höflich
und trafen sich mit Wucht.
Der eine fragt: „Wie geht's?"
Der andre sagt: „Wie steht's?"
Und ihre Köpfe trafen sich dann stets.

Zwei dünne Tanten …

Zwei Polizisten …

Zwei brave Schüler …

Zwei kleine Babys …

Two fat Gentlemen

Two fat gentlemen
met in a glen.
Bowed most politely,
bowed once again.
How do you do? How do you do?
And how do you do again.

Two thin ladies met …

Two tall policemen …

Two happy schoolchildren …

Two little babies …

Die Männer, gespielt von den beiden Daumen, treffen sich in einem Tal und verbeugen sich einzeln und dann gemeinsam.
Dann setzen Sie andere Rollen für die weiteren Finger ein: feine Damen, Polizisten, brave Schüler und kleine Babys.

Here is the Beehive

Here is the beehive. Where are the bees?
Die geschlossene Faust zeigen
Hidden away, where nobody sees.
Die andere Hand um die Faust bewegen
Watch and you'll see them come out of the hive.
Den Kopf zum Bienenstock neigen
One, two, three, four, five.
Nacheinander die Finger abzählen
The bees don't want to stay.
Bzzzzzzzz ... all fly away!
Alle Finger bewegen

Dieses Stück gibt es auch in einer spanischen Fassung. Im Kapitel „Das kommt mir spanisch vor" finden Sie auch meine Textübertragung *(siehe S. 79)*

Willibald Wumm

Nr. 10

Deutscher Text: Wolfgang Hering/Musik: trad.

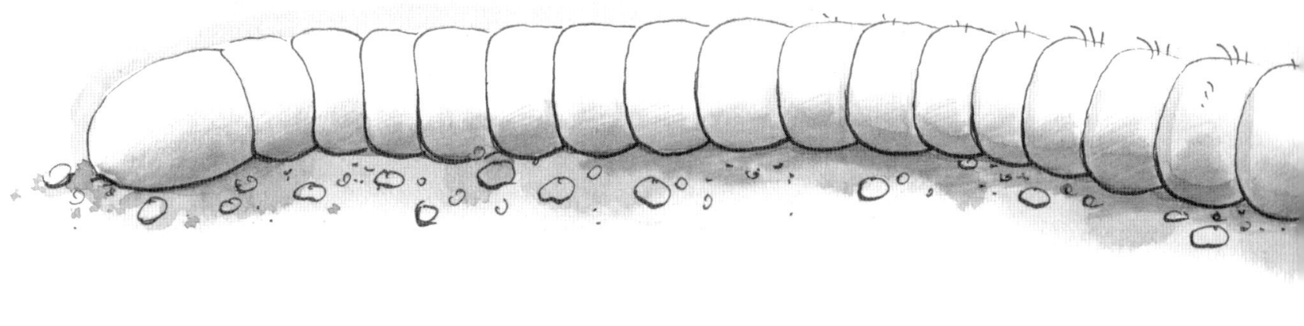

Ja, da kriecht ein Wurm mitten durch den Garten,
und er nennt sich Willibald Wumm.
Ja, da kriecht ein Wurm mitten durch den Garten,
er gräbt dort alles um.
Er kringelt am Tag, er kringelt in der Nacht,
hat Nachbarn schon um den Schlaf gebracht.
Ja, da kriecht ein Wurm mitten durch den Garten,
und er nennt sich Willibald Wumm.

Ja, da kriecht ein Wurm mitten durch den Garten,
und er nennt sich Willibald Wumm.
Ja, da kriecht ein Wurm mitten durch den Garten,
er gräbt dort alles um.
Er kringelt sehr gut mit großem Übermut,
und wie er dort kringelt, das macht er gut.
Ja, da kriecht ein Wurm mitten durch den Garten,
und er nennt sich Willibald Wumm.

Wiggle Woo

There's a worm at the bottom of my garden,
and his name is Wiggly Woo.
There's a worm at the bottom of my garden,
and all that he can do,
is wiggle all day and wiggle all night.
The neighbours say he's a terrible fright.
There's a worm at the bottom of my garden,
and his name is Wiggly Woo.

There's a worm at the bottom of my garden,
and his name is Wiggly Woo.
There's a worm at the bottom of my garden,
and all that he can do,
is wiggle along and wiggle around
and wiggle himself back under the ground.
There's a worm at the bottom of my garden,
and his name is Wiggly Woo.

Der Schmetterling

Wolfgang Hering

Eine Raupe krabbelte hoch auf einen Baum.
„Ich leg mich jetzt mal schlafen und träume einen Traum."
Unter einem großen Blatt, da machte sie sich klein
und webte sich ein Kleid, dann schlief sie darauf ein.
Den ganzen Winter schlummerte sie in dem Raupenbett.
Der Frühling kam dann eines Tags und weckte sie komplett.
Sie öffnete die Augen mit einem Wimpernschlag,
jetzt ist es aber Zeit zum Aufstehen, es ruft ein Sonnentag.
Sie wurde gleich bewundert, der Lärm war nicht gering
und flog davon mit Eleganz als bunter Schmetterling.

The Caterpillar

A caterpillar crawled to the top of a tree.
„I think, I'll take a nap," said he.
So – under a leaf he began to creep
to spin a cocoon.
Then he fell asleep.
All winter he slept in his cocoon bed,
till spring came along one day and said:
„Wake up, wake up, little sleepy head.
Wake up, it's time to get out of bed."
So, he opened his eyes that sunshiny day,
look, he was a butterfly – and flew away!

Erst krabbelt ein Finger den Arm hinunter, unter der Hand macht er ein Schläfchen. Dann strecken sich alle Finger, und es fliegen am Ende beide Arme davon.

Five little Pumpkins

Five little pumpkins sitting on a gate.
Eine Hand hochstrecken
The first one said: „Oh my, it's getting late."
Zeigefinger nach unten klappen, vier Finger bleiben übrig
The second one said: „There are witches in the air."
Zusätzlich Mittelfinger nach unten
The third one said. „But I don't care!"
Ringfinger wegnehmen
The forth one said: „I'm ready for some fun!"
Kleinen Finger einknicken
The fifth one said: „Let's run and run and run."
Finger zur Faust ballen
„Wh-o-o-o-o" went the wind,
Hände als Wind bewegen und einmal klatschen
and out went the light,
the five little pumpkins run and hide.
Beide Hände kreisen umeinander

Sie finden die spanische und meine deutsche Übertragung auf S. 85.

Fünf Landwirte

Wolfgang Hering

Fünf Landwirte stehen
an jedem Tag früh auf.
Sie haben viel zu tun,
und der Tag nimmt seinen Lauf.
Der erste pflügt den Acker
ohne Rast und ohne Ruh.
Der zweite geht zum Melken,
die Kuh, die muht dazu.
Der dritte füttert Hühner,
die gackern viel herum.
Der vierte repariert das Fenster
und macht sich dafür krumm.
Der fünfte verkauft Gemüse
und fährt zum nächsten Ort.
Und gehen sie abends früh ins Bett,
dann schlafen sie sofort.

Five little Farmers

Five little farmers get up early each day.
For there is work to be done and no time to play.
The first little farmer goes to milk the cow.
Melkbewegungen mit den Fäusten
The second little farmer gets ready to plough.
The third little farmer feeds the hens and chicks.
Mit ausholenden Handbewegungen den Hühnern Futter geben
The fourth little farmer has gates to fix.
Pantomimisch hämmern
The fifth little farmer sells vegetables in town.
Hände trichterförmig am Mund und Gemüse anpreisen
Five busy little farmers work until the sun goes down.
Laut gähnen

Sie spielen das Stück mit einer Hand und können mit dem Daumen oder dem kleinen Finger anfangen.

Fünf Elefanten

Wolfgang Hering

Fünf Elefanten laufen durch den Wald.
„Wir gründen eine Band und machen deshalb Halt."
Der erste spielt Trompete, in hoher Lage jetzt.
Der nächste schreit und wird als Tarzan gleich besetzt.
Die folgenden zwei tuten als Elefantenpaar.
Der kleinste aber ruft: „Ich bin ein großer Star und trete nur alleine auf, das ist ein Paukenschlag!"
Jongliert noch mit drei Hasen und singt den ganzen Tag.

Elephants at Work and Play

As five little elephants marched through the grass,
Finger der rechten Hand marschieren den Arm entlang
they decided to stop and have a music class.
Finger stoppen
The first blew his trumpet and announced he'd be teacher.
Mit Faust und einer geöffneten Hand die Trompete darstellen
The next gave a call of the wild jungle animal.
Hohle Hand an den Mund halten und einen wilden Schrei ausstoßen
The third and fourth elephants trumpeted a song.
Mit der „Trompete" zweimal tuten
But the last little elephant just followed along.
Then he left the others as he didn't care to play,
and he carried tree logs the rest of the day.
Den kleinen Finger unter drei Finger der linken Hand halten und „wegtragen"

Setzen Sie die einzelnen Spielaktionen entsprechend um: mit den Fingern auf dem Arm laufen, Trompete spielen, Tarzan imitieren und pantomimisch jonglieren. Aus den Baumstämmen, die der letzte Elefant trägt, sind bei mir drei Hasen geworden.

Mein Kopf

Wolfgang Hering

Dies ist ein Kreis wie ein Kopf so groß.
Das ist mein Mund, der plappert einfach los.
Diese beiden Augen, die seht ihr alle hier.
Diese Nase ist ein gutes Stück von mir.
Das ist mein Haar, da unterm Hut,
schaut her, der steht mir wirklich gut.

My Head

This is the circle that is my head.
Mit beiden Armen einen Kreis zeigen
This is my mouth with which words are said.
Auf den Mund deuten
These are my eyes with which I see.
Auf die Augen zeigen
This is my nose that's a part of me.
An die Nase fassen
This is the hair that grows on my head.
Hand auf die Haare legen
And this is my hat all pretty and red.
Beide Hände bilden über dem Kopf einen spitzen Hut

Schweinchen Pu und Schweinchen Pi

Wolfgang Hering

Schweinchen Pu und Schweinchen Pi
haben Hunger wie noch nie,
strecken ihren Hals empor,
dort gibt's Essen hinterm Tor.
Schweinchen Pu und Schweinchen Pi,
stehn verlassen da als Vieh.
Klettern auf den großen Zaun,
oh, da gibt es viel zu schaun.
Das Tor, es öffnet sich ganz weit,
der Futtertrog steht nun bereit.
Sie stecken ihre Köpfe rein
und futtern, das schmeckt wirklich fein.

Piggy Wig and Piggie Wee

Piggie Wig and Piggie Wee
Beide Daumen hochstrecken
hungry pigs as pigs could be
for their dinner had to wait,
down behind the garden gate.
Tor mit den Fingern zeigen
Piggie Wig and Piggie Wee
Beide Daumen hochstrecken
climbed the barnyard gate to see.
Daumen schauen durch die Finger
Peeking through the gate so high,
but no dinner could they spy.
Piggie Wig and Piggie Wee got down,
sad as pigs could be,
but the gate soon opened wide,
and they scampered forth inside.
Die Hände schwingen auseinander, die Daumen zappeln
Piggie Wig and Piggie Wee,
greedy pigs as pigs could be.
For their dinner ran pell mell
and in the trough both piggies fell.
Daumen beugen sich in die offenen Handflächen

Zwei Finger jeder Hand (Daumen oder Zeigefinger) verwandeln sich in die Schweinchen. Die flachen Hände werden zum Tor und dann zur Futterwanne. Das Stück lebt von den Wiederholungen.

Fünf kleine Hunde

Wolfgang Hering

Fünf kleine Hunde spielten mal Versteck,
traf einer einen Hasen und lief vor Angst schnell weg.
Einer sah einen Schmetterling, bekam fast einen Schlag.
Er flüchtete vor dem Tier und rannte den ganzen Tag.
Ein anderer sah eine Katze und ging sofort auf die Jagd.
Ein vierter suchte sein Hinterteil, das war wohl zu gewagt.
Der Kleinste blieb die ganze Zeit in seinem Waldversteck.
Er machte keinen Pieps und rührte sich nicht vom Fleck.

Five little Puppies

Five little puppies were playing in the sun.
This one saw a rabbit, and he began to run.
This one saw a butterfly, and he began to race.
This one saw a cat, and he began to chase.
This one tried to catch his tail, and he went round and round.
This one was so quiet, he never made a sound.

Beginnen Sie mit dem Daumen.

Deine Ohren hängen schwer

Nr. 11

Deutscher Text: Wolfgang Hering/Musik: trad.

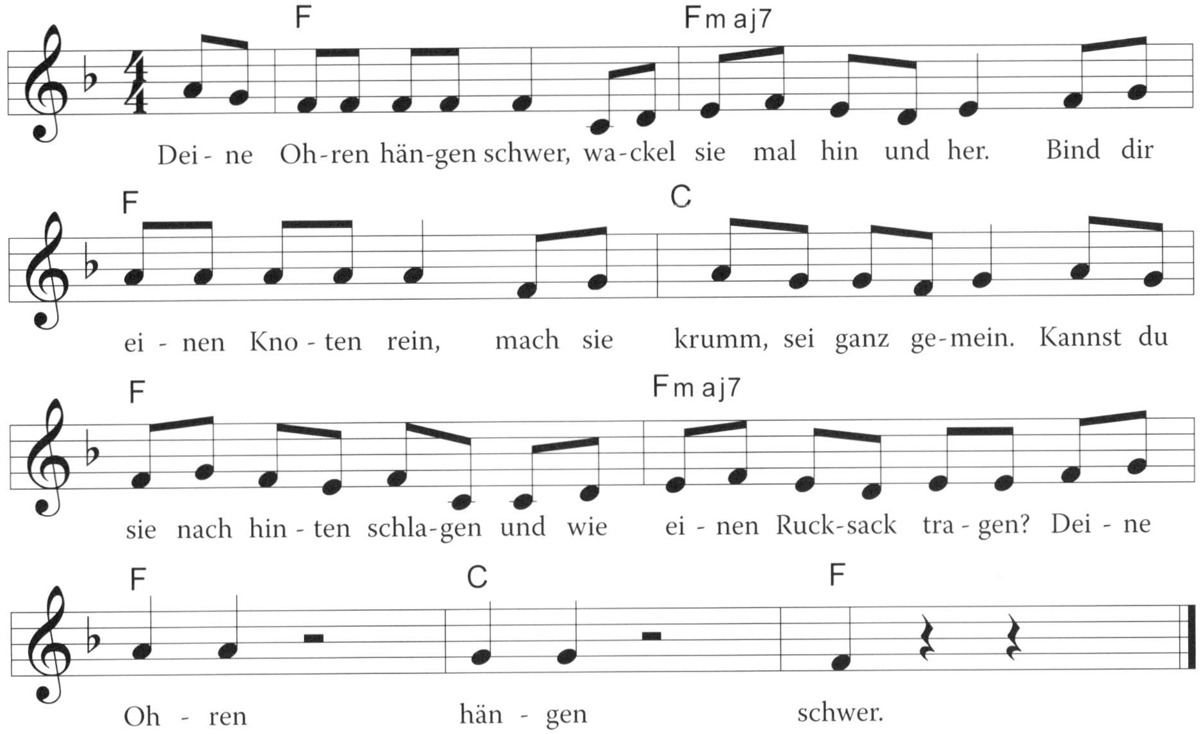

Deine Ohren hängen schwer,
wackel sie mal hin und her.
Bind dir einen Knoten rein,
mach sie krumm, sei ganz gemein.
Kannst du sie nach hinten schlagen
und wie einen Rucksack tragen?
Deine Ohren hängen schwer.

Deine Ohren stehen steil,
heben sich als Körperteil.
Tropfen auch mal richtig ab,
wenn sie nass sind und ganz schlapp.
Kannst du mal mit ihnen trinken
oder kurz zum Nachbarn winken?
Deine Ohren stehen steil.

Deine Ohren drehn sich schnell
wie beim Salto ganz speziell.
Schnür sie fest zu einem Strang,
zieh sie bis zum Boden lang.
Kannst du mit den beiden patschen?
Nutz sie mal zum Fliegenklatschen.
Deine Ohren drehn sich schnell.

Für die Ohren wird es Zeit,
zappeln kurz noch mal zu zweit.
Lass sie hoch und runter gehn,
in der Luft paar Runden drehn.
Kannst du sie endlich verschließen,
und die Ruhe dann genießen?
Für die Ohren wird es Zeit.

Do your ears hang low?

Do your ears hang low?
Do they wobble to and fro?
Can you tie them in a knot?
Can you tie them in a bow?
Can you throw them o'er your shoulder
like a continental soldier?
Do your ears hang low?

Do your ears hang high?
Do they reach up to the sky?
Do they droop when they are wet?
Do they stiffen when they're dry?
Can you semaphore your neighbour
with a minimum of labour?
Do your ears hang high?

Do your ears flip-flop?
Can you use them for a mop?
Are they stringy at the bottom?
Are they curly at the top?
Can you use them for a swatter?
Can you use them for a blotter?
Do your ears flip-flop?

Do your ears hang out?
Can you waggle them about?
Can you flip them up and down
as you fly around the town?
Can you shut them up for sure
when you hear an awful bore?
Do your ears hang out?

Mit den flachen Händen werden die Ohren dargestellt. Dann die jeweiligen Spielaktionen andeuten.

Hoch und runter

Wolfgang Hering

Hoch und runter
immer munter,
Nach oben und nach unten deuten
dreh die Finger rundherum.
Kreise in der Luft zeichnen
Mach dich bis zum Boden krumm!
Mit den Händen den Boden berühren
Streck sie übern Kopf
Hände über den Kopf halten, dann unter die Beine nehmen
und halt sie an die Zehen,
dann zwischen den Knien,
Zwischen den Knien halten
so kann man sie kaum sehen.
Nur ein paar Finger sind zu sehen
Hände nach vorne und wieder zurück,
verschwinden ganz kurz einen Augenblick.
Hände hinter dem Rücken verstecken
Zeig erst die rechte,
Entsprechende Hand vorstrecken
dann die linke Hand.
So machen sich beide wieder bekannt.
Hände drücken

Up and Down
Up and down,
round and round,
put your fingers on the ground.
Over, under,
in between,
now my fingers can't be seen!
Hands in front, hands behind,
Entsprechend ausführen
now my hands, I cannot find.
Here's my left hand, here's my right,
hands and fingers back in sight.

Fünf kleine Katzen

Wolfgang Hering

Fünf kleine Katzen stehen aufgereiht.
Sie wackeln mit den Köpfen die ganze Zeit.
Sie laufen zurück, sie laufen nach vorn.
Dann bleiben sie stehen wie eingefror'n,
denn es kommt ein Hund, vorbei der Spaß.
Und schnell verschwinden sie im hohen Gras.

Five little Kittens

Five little kittens standing in a row,
they nod their heads to the children, so.
They run to the left; they run to the right,
they stand up and stretch in the bright sunlight.
Along comes a dog who's in for some fun.
Meow! See those five kittens run.

Der Hund wird mit einer Faust dargestellt. Die andere Hand spielt die fünf Katzen mit gestreckten Fingern, die am Ende hinter dem Rücken verschwinden.

Fünf kleine Schweinchen

Wolfgang Hering

Fünf kleine Schweinchen,
die wachsen hier heran.
Und alle dürfen fressen,
so viel wie jedes kann.
Das erste fragt: „Was wohl der Bauer
hier im Schilde führt."
Das zweite quiekt: „Was später wohl
mit uns einmal passiert?"
Das dritte spricht: „Wir passen auf,
wir nehmen uns in Acht."
Das vierte: „Ja, ich hab gehört,
dass einer Schinken aus uns macht."
Das kleinste ruft: „Macht jetzt nicht schlapp,
wir hauen einfach alle ab."

Five little Turkeys

Five little turkeys standing in a row:
First little turkey says, „I don't want to grow."
Second little turkey said: „Why do you say
that?"
Third little turkey said „I want to get fat."
Fourth little turkey said: „Thanksgiving is near."
Fifth little turkey said, „Yes, that's what I hear."
Then the five little turkeys, that were standing
in a row,
all said together, „Come on, let's go".

Am „Thanksgiving Day" gibt es im angloamerikanischen Raum traditionell ein großes Truthahnessen mit der ganzen Familie. Aus dem englischen Truthahn sind bei mir fünf kleine Schweine geworden. Beginnen Sie mit dem Daumen.

Ich schau in den Spiegel

Wolfgang Hering

Ich schau in den Spiegel,
und wer sieht mich an?
Ein glückliches Gesicht,
das lachen kann.

Ich schau in den Spiegel,
und wer sieht mich an?
Ein trauriges Gesicht,
das weinen kann.

I look in the Mirror

I look in the mirror,
and what do I see?
I see a happy face
smiling at me.

I look in the mirror,
and what do I see?
I see a sad face
frowning at me.

Eine Hand wird zum Spiegel, und das Gesicht stellt die unterschiedlichen Gefühlszustände dar. Eine einfache Übung schon für Drei- und Vierjährige. Denken Sie sich weitere Stimmungen aus.

Ich spür den Wind

Wolfgang Hering

Ich spür den **Wind**
beim **bun**ten Blätter**tanz**.
Hände tanzen
Ich spür den **Wind**,
flattert **wild** dein Pferde**schwanz**.
Pferdeschwanz in die Luft malen
Ich spür den **Wind**,
Bäume **schwan**ken hin und **her**.
Die Arme sind zwei Bäume
Ich spür den **Wind**
bei den **Fah**nen noch viel **mehr**.
Flache Hände sind zwei Fahnen
Ich spür den **Wind**,
wenn die **Wol**ken weiter**ziehn**.
Hände in einer Linie bewegen
Ich spür den **Wind,**
wenn ich **Fahr**rad fahr bis **Wien**.
Fahrradlenker halten
Ich seh ihn **gut**,
wenn sich **al**te Mühlen **drehn**
Finger machen kreisende Bewegungen
und den Sand am **Meer**
beim Spa**zie**ren**gehn**.
Sand in der Hand zerreiben

I see the Wind

I see the **wind**, the **leaves** dance **by**.
Hände tanzen in der Luft
I see the **wind**, when the **clothes** wave **„Hi!"**
Mit der Hand winken
I see the **wind**, when the **trees** bend **low**,
Arme zum Boden strecken
I see the **wind**, when the **flags** all **blow**.
Mit beiden Armen winken
I see the **wind**, when the **kites** fly **high**.
Heftig mit den Armen rudern
I see the **wind**, when the **clouds** float **by**.
I see the **wind,** when it **blows** my **hair**.
Haare verwuscheln
I see the **wind**, 'most every**where**!
Handflächen nach außen drehen und hochstrecken

Ein kleiner dicker Schneemann

Wolfgang Hering

Zu einem kleinen Schneemann
Mit den Händen einen dicken Bauch zeigen
mit Karotte im Gesicht,
Faust vor die Nase halten
da kommt ein Hase, und er traut
Zeige- und Mittelfinger hochstrecken und wackeln
seinen Augen nicht.
Das Tier hat großen Hunger,
schnappt sich das rote Ding
und fühlt sich dann beim Fressen
so wie bei Burger-King.
Bauch reiben
Yammi, yammi, schmatz, schmatz,
ach, wie wohl das tut.
Im Winter schmeckt so eine
Karotte besonders gut.
Faust zum Mund nehmen und daran knabbern

Chubby little Snowman

A chubby little snowman
had a carrot nose.
Along came a bunny
and what do you suppose?
That hungry little bunny
looked for his lunch,
ate the snowman's carrot nose –
Faust vor die Nase halten
Nibble, nibble, crunch!

Schatzsuche

Wolfgang Hering

Wir **su**chen einen **Schatz**
an **ei**nem bestimmten **Platz.**
Mit dem Finger auf den Bauch und den Rücken tippen
Ein **X**, das zeigt den **Ort**.
X auf den Rücken zeichnen
Wir **gehn** dorthin so**fort**.
Die **Kar**te zeigt uns **We**ge,
Linien über die Wirbelsäule von oben nach unten ziehen und von links nach rechts
wir **stam**pfen durchs Ge**he**ge.
Kleine Kreuze deuten das Gestrüpp an
Wir **fan**gen an zu **schlei**chen,
Flache Hand auf dem Rücken vorwärtsschieben
sehn **Stri**che mit drei **Zei**chen.
Mit den Fingern schreiben
Und nach ein paar **Run**den
haben **wir** den Schatz ge**fun**den.
Noch einmal kreuz und quer über den Rücken fahren
Zwei **Kom**mas noch, ein **Strei**fen,
Zwei kurze und einen langen Strich auf den Rücken malen
dann **kön**nen wir dich **knei**fen.
Das Kind leicht in die Seiten kneifen – der Schatz ist entdeckt

Treasure Hunt

We're going on a treasure hunt.
X marks the spot.
Three lines down, with a dot, dot, dot.
Comma, comma, question mark,
Exclamation point.
With a pinch
and a squeeze
and a tropical breeze.
Now you've got the shivers!

Sie führen die Schatzsuche mit einem Finger auf dem Rücken eines Kindes aus. Es gibt im Englischen mehrere Varianten. Hier eine Fassung, wo Linien, dreimal ein Punkt, zweimal ein Komma, ein Frage- und Ausrufezeichen vorkommen. Am Ende blasen Sie dem Kind leicht in die Haare und kraulen es im Nacken.

Der gefangene Fisch

Wolfgang Hering

Eins, zwei, **drei** und vier,
da **schwimmt** ein Fisch vor **mir**.
Fünf, sechs, **sie**ben, acht.
Ich **fang** ihn mit Be**dacht**.
Ich **zähl** noch neun und **zehn**
und **lass** ihn wieder **gehn**.
Wa**rum**, wollt ihr wohl **wis**sen?
Er **hat** mich grad ge**bis**sen.
Das **tut** jetzt weh, au**wei**.
Der **Fisch** ist wieder **frei**.

I caught a Fish

One, two, **three**, four, **five**.
Fünf Finger der rechten Hand nacheinander zeigen
I **caught** a **fish** alive.
Mit Daumen und Finger einen Fisch schnappen
Six, seven, **eight**, nine, **ten**,
Finger der linken Hand nacheinander zeigen
I **let** it **go** again.
Hand öffnen
Why did you **let** that **fishy** **go**?
Kopf zur Seite neigen
Be**cause** it **bit** my **finger** **so**.
Kopf schütteln
Which finger **did** it **bite**?
Kopf wieder zur Seite neigen
My **lit**tle finger **on** my **right**.
Rechten kleinen Finger hochhalten

Versuchen Sie, den Text rhythmisch zu sprechen. Zu den betonten Silben wird geklatscht.

Fünf kleine Fische

Wolfgang Hering

Fünf kleine **Fi**sche, die **schwim**men im **Pool**,
da **sagt** der **ei**ne: „Ja, der **Pool** ist **cool**."
Der **zwei**te **sagt**: „Der **Pool** ist **groß**."
Der **drit**te: „Was **bin** ich **mü**de **bloß**?"
Der **vier**te **schwimmt** zum **Bo**den **hin**.
Der **klein**ste **ruft**: „Im **Pool** hier **drin**,
ist **auch** ein **Schiff**, da **gera**deaus,
Ma**tro**sen **wer**fen die **Net**ze **aus**."
Die **fünf** kleinen **Fi**sche, **ach** du **Schreck**
suchen **sich** schnell **ein** Ver**steck**.

Five little Fishes

Five little **fish**es **swim**ming in a **pool**.
Mit den fünf Fingern zappeln und den Arm schlängelnd bewegen
The **first** fish **said**, „This **pool** is **cool**!"
Am ganzen Körper zittern
The **sec**ond fish **said**, „This **pool** is **deep**."
Tiefe Stimme machen
The **third** fish **said**, „I **want** to **sleep**."
Gähnen und recken
Forth one **said**: „Let's **dive** and **dip**."
Hände tauchen nach unten ab
The **fifth** fish **said**, „I **spy** a **ship**."
Hand über die Augen halten
Fishing boat **comes**, line **goes** ker**splash**!
Pantomimisch Netze auswerfen
Away the **five** little **fish**es **dash**.
Schwimmbewegungen ausführen

Die Finger werden, mit dem Daumen beginnend, nacheinander hochgestreckt.

Eine kleine Schildkröte

Wolfgang Hering

Eine kleine **Schild**kröte
Daumen und Zeigefinger zeigen einen kleinen Kreis
mit **gro**ßem Panzer **drauf**.
Hände bilden eine Schachtel
Sie **schwimmt** oft im Gewässer
Schwimmbewegungen
und **läuft** auf Felsen **rauf**.
Kletterbewegungen andeuten
Sie **schnappt** gern nach den **Flie**gen
Mit Daumen und restlichen Fingern zuschnappen
und **auch** nach manchem **Floh**.
Bewegung wiederholen
Sie **greift** nach kleinen **Fi**schen
und **auch** nach meinem **Po**.
Noch einmal zuschnappen
Jetzt **frisst** sie viele **Flie**gen,
Mit den Händen klatschen
erwischt auch Fisch und **Floh**.
Nochmal klatschen
Ich **kann** mich grad noch **ret**ten
und **bin** darüber **froh**.
Auf sich selbst deuten

Little Turtle

There was a little turtle.
He lived in a box.
He swam in a puddle.
He climbed on the rocks.
He snapped at a mosquito.
He snapped at a flea.
He snapped at a minnow.
He snapped at me.
He caught the mosquito,
he caught the flea,
he caught the minnow,
but he didn't catch me.

Fünf kleine Bienen

Wolfgang Hering

Eine kleine Biene fliegt am Bienenhaus vorbei.
Sie trifft dort eine Freundin, da sind es gleich schon zwei.
Die beiden fliegen weiter, erzählen sich allerlei.
Sie treffen eine Bekannte, da sind es auch schon drei.
Drei Bienen denken, jetzt fehlt doch noch ein Tier,
dann spielen wir Versteck, danach sind es schon vier.
Sie werden auch noch mit einer fünften Biene warm
und sausen wild herum in ihrem Bienenschwarm.
Sie summen laut, und allen hängt bald der Rüssel raus,
sie ruhen sich dann später auf einer Blume aus.

Five little Bees

One little bee blew and flew.
He met a friend, and that made two.
Two little bees, busy as could be,
along came another and that made three.
Three little bees, wanted one more.
Found one soon and that made four.
Four little bees, going to the hive,
spied their little brother, and that made five.
Five little bees working every hour,
buzz away, bees, and find another flower.

Meine Übertragung steht in der Gegenwart, hat aber den gleichen Spielverlauf wie das englische Original.

Ein Paket Alphabet

Wolfgang Hering

Beginnt dein Name mit A oder B,
dann schwimm eine Runde im See.
Wenn du anfängst mit C, D oder E,
lenke einen großen LKW.
Alle fahren kurzerhand mal Ski,
geht's los mit F, G, H oder I.
Und schüttel die Arme mal schnell,
beginnst du mit J, K oder L.
Klatsch in die Hände und sei froh,
fängst du an mit M, N oder O.
Ziehe den Hut mal wie ein Herr,
legst du los mit P, Q oder R.
Und drück einfach ein Auge zu,
beginnst du mit S, T oder U.
Du stapfst mal durch den Schnee,
hast du vorne ein V oder W.
Schließlich gehn alle die ins Bett,
die beginnen mit X, Y oder Z.
Dann sprechen alle frei heraus,
ihren Buchstaben noch mal aus:

Alphabet Action

If your name begins with A or B
stand and stretch for all to see.
If it starts with C, D or E
stomp your feet and count to three.
If it starts with F, G, H or I
shake your hands and arms up high.
If it starts with J, K, L, M or N
fold your hands beneath your chin.
If it starts with O, P or Q
touch your elbows to your shoe.
If your name starts with R, S or T
pretend you are a chimpanzee.
If it starts with U, V, W, X, Y or Z
nod your head and point at me.
Now everybody play this game
shout out the letter that starts your name!

Für das Stück müssen die Kinder schon etwas älter sein. Lassen Sie jeweils nach dem Aufsagen der Zeilen eine Pause zum Darstellen der Spielvorgaben. Am Ende rufen alle ihren Anfangsbuchstaben.

Fünf Muscheln

Wolfgang Hering

Fünf Muscheln liegen herum am großen Strand,
kommt eine Welle ständig hochgespült an Land.
Das Wasser ist gewaltig und schwappt mal hin, mal her
und nimmt eine Muschel mit hinaus ins große Meer.
Vier Muscheln liegen da, ich sage nur „auwei“,
kommt eine große Welle und es sind noch drei.
Drei Muscheln bleiben und denken sich nichts dabei,
kommt wieder eine Welle, und es sind nur noch zwei.
Zwei Muscheln ruhen sich aus, sie liegen da als Paar.
Da kommt erneut die Welle, holt sich ein Exemplar.
Eine kleine Muschel, die liegt da ganz allein.
Ich heb sie für zu Hause auf und steck sie einfach ein.

Five little Seashells

Five little seashells
Fünf Finger zeigen
lying on the shore. Swish …
Andere Hand öffnen und die Finger über die Muscheln wölben
Went the waves
Faust machen, und die andere Hand darüberziehen
and then there were four.
Entsprechende Anzahl Finger hochhalten
Four little seashells, pretty as can be.
Swish went the waves. Then there were three.
Three little seashells, all pearly new.
Swish went the waves. Then there were two.
Two little seashells, lying in the sun.
Swish went the waves. Then there was one.
One little seashell, lying all alone.
I picked it up.
Einen Finger hochhalten
I took it home.
„Muschel" in die Tasche stecken

Bringen Sie – wenn möglich – fünf Muscheln mit, und lassen Sie die Teile mit den Fingern verschwinden.

Zum Einschlafen

Wolfgang Hering

Das ist der Mund,
damit isst jedes Kind.
Das ist die Nase,
die streckt sich gern in den Wind.
Das sind die Augen,
sehn wie eine Kamera.
Das sind die Ohren,
die sind zum Hören da.
Das ist der Kopf,
bei Kindern ist er klein.
Der schläft am Abend
ganz friedlich ein.

To sleep

A little mouth to eat with.
Auf den Mund zeigen
My little nose to smell with.
An die Nase fassen
My two little eyes to see with.
Auf die Augen deuten
My two little ears to hear with.
An die Ohren fassen
And my little head? To sleep!
Gefaltete Hände ans Ohr halten

7. Frankreich – unser großer Nachbar

Der Blubberfisch

Nr. 12

Deutscher Text: Wolfgang Hering Musik: trad.

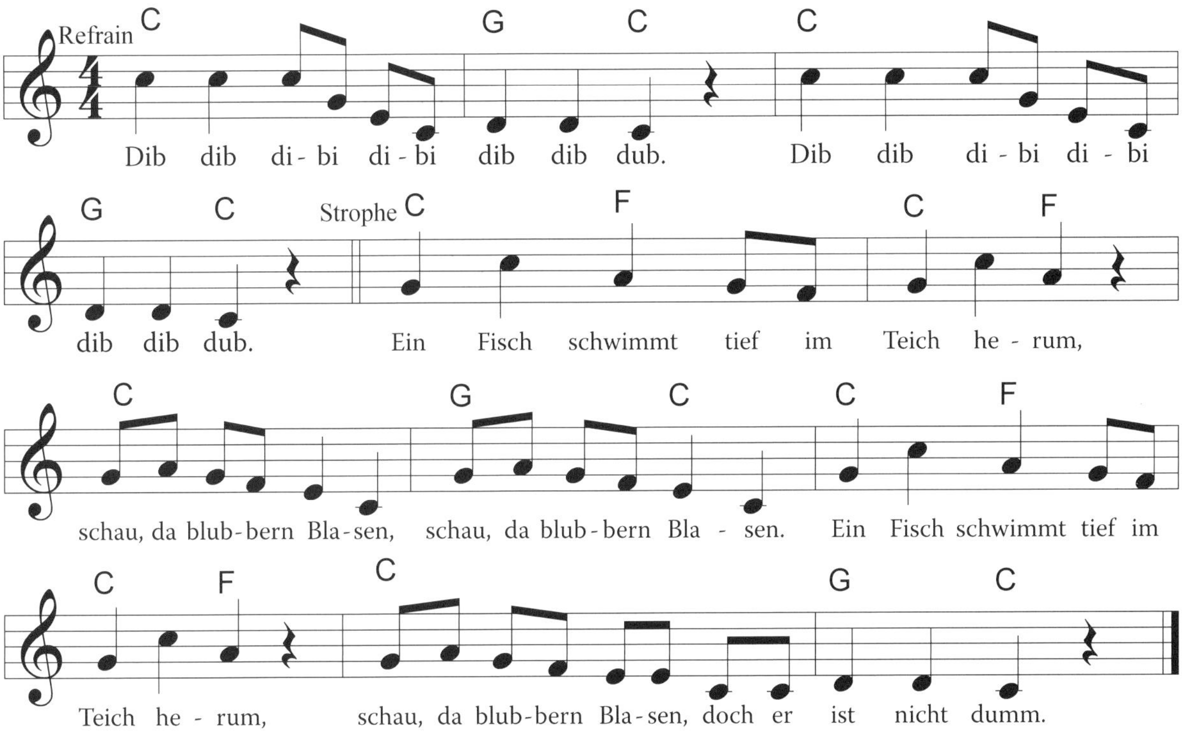

Ein Fisch schwimmt tief im Teich herum,
schau, da blubbern Blasen,
schau, da blubbern Blasen.
Ein Fisch schwimmt tief im Teich herum,
schau, da blubbern Blasen,
doch er ist nicht dumm.

Refrain:
Dib dib dibi dibi dib dib dub. 2 ×

Ein Vogel fliegt durch die Luft vorbei,
sieht die vielen Blasen,
sieht die vielen Blasen.
Ein Vogel fliegt durch die Luft vorbei,
sieht die vielen Blasen,
und er ruft kurz „Hei“.

„Fisch, was machst du in deinem Reich?“
„Ich mach Blubberblasen,
ich mach Blubberblasen.“
„Fisch, was machst du in deinem Reich?“
„Ich mach Blubberblasen,
und schwimm gern im Teich.“

„Ich bin glücklich, auf Blubbern ist Verlass“,
sagt der Fisch mit Blasen,
sagt der Fisch mit Blasen.
„Ich bin glücklich, auf Blubbern ist Verlass“,
sagt der Fisch mit Blasen,
„und ich mag es nass.“

Beide reden und bewundern dann
eine bunte Blase,
eine bunte Blase.
Beide reden und bewundern dann,
eine bunte Blase,
die auch glitzern kann.

Da fällt plötzlich der Vogel in den See,
macht jetzt selbst die Blasen,
macht jetzt selbst die Blasen.
Da fällt plötzlich der Vogel in den See,
macht jetzt selbst die Blasen,
Ich sag nur „Oje!“

Doch der Vogel schafft es nochmal rauf,
lässt zurück die Blasen,
lässt zurück die Blasen.
Doch der Vogel schafft es nochmal rauf,
lässt zurück die Blasen,
passt nun besser auf.

Originaltext
Un poisson au fond d’un étang,
(Ein Fisch auf dem Grund des Sees,)
qui faisait des bulles,
(der Blasen gemacht hat,)
qui faisait des bulles.
Un poisson au fond d’un étang
qui faisait des bulles
pour passer le temps.
(um sich die Zeit zu vertreiben.)

Refrain:
Tchip tchip tchip bidi bidip dip dip. 2 ×

Un oiseau vint près de l’étang
(Ein Vogel kommt nah zu einem Teich,)
regarder les bulles,
(sieht die Blasen.)
regarder les bulles.
Un oiseau vint près de l’étang
Regarder les bulles
pour passer le temps.
(um sich die Zeit zu vertreiben.)

Que fais-tu joli poisson blanc?
(Was machst du schöner, weißer Fisch?)
Moi je fais des bulles,
(Ich mache Blasen.)
moi je fais des bulles.
Que fais-tu joli poisson blanc?
Moi je fais des bulles
pour passer le temps!

Plus j’en fais, plus je suis content,
(Wenn ich noch mehr mache, bin ich zufrieden,)
plus je fais des bulles, (2 ×)
(dann mache ich noch mehr Blasen.)
plus j’en fais, plus je suis content.
Des rouges et des bleues
(Rote und blaue,)
selon le courant.
(wie die Strömung fließt.)

Le poisson tout en discutant
(Der Fisch diskutiert,)
a fait une bulle. (2 ×)
während er Blasen macht,)
Le poisson tout en discutant
a fait une bulle
pour monter dedans.
(um darin hochzusteigen.)

Et la bulle portée par le vent.
(Und die Blase, getragen vom Wind.)
Ah, la belle bulle! (2 ×)
(Oh, die schöne Blase!)
Et la bulle portée par le vent
a pris son envol,
(Sie ist weggeflogen,)
le poisson dedans.
(der Fisch darin.)

L'oiseau est tombé dans l'étang
(Der Vogel ist in den Teich gefallen,)
en voyant la bulle. (2 ×)
(als er die Blase gesehen hat)
L'oiseau est tombé dans l'étang
en voyant la bulle
du poisson volant.
(von dem fliegenden Fisch.)

Maintenant au fond de l'étang,
(Jetzt, auf dem Grund des Teichs,)
l'oiseau fait des bulles. (2 ×)
(macht der Vogel Blasen,)
Maintenant au fond de l'étang,
l'oiseau fait des bulles
pour monter dedans.
(um darin hochzusteigen.).

Eine sehr poetische Fantasiegeschichte, die sich da zwischen Fisch und Vogel abspielt. Mein deutscher Text – insbesondere der Schluss – ist frei übertragen. Interpretieren Sie die Geschichte als Handgestenspiel: Eine flache Hand spielt den Fisch; zwei Finger der anderen stellen den Schnabel des Vogels dar. Die Blasen werden mit Daumen und Zeigefinger beschrieben.

Am Brunnen

Wolfgang Hering

Ein Vogel macht gerade schlapp,
ein anderer legt hier Federn ab.
Der sonnt sich im Sonnenschein,
und der nimmt eine Mahlzeit ein.
Für den Kleinen ist offenbar
nichts mehr von dem Futter da.

La petite fontaine où les oiseaux vont boire
(Der kleine Brunnen, wo die Vögel trinken gehen)

Celui-ci l'a pris.
(Dieser hat Platz genommen.)
Celui-là l'a plumé.
(Jener hat Federn dort gelassen.)
Celui-là l'a fait rôtir.
(Er hat dort in der Sonne gesessen.)
Celui-là l'a mangé.
(Er hat dort gegessen.)
Et le petit n'a rien eu, n'a rien eu.
(Und der Kleine hat nichts mehr abbekommen.)

Eine Hand wird zum Brunnen, die andere stellt die Vögel dar. Beginnen Sie mit dem Daumen.

Ein Junge fiel in einen See

Wolfgang Hering

Ein Junge fiel in einen See
und tat sich dabei ganz schön weh.
Ein Mann hat sich tief gebogen,
ihn aus dem Wasser rausgezogen.
Ein andrer hat nicht viel überlegt,
von Kopf bis Fuß ihn trockengelegt.
Der hat ihn nach Hause gebracht
und ihm auch gleich das Bett gemacht.
Der Kleine hat es gut gelaunt
überall herumposaunt.

Cocorico est tombé à l'eau
(Cocorico fiel in Wasser)

Cocorico est tombé à l'eau.
(Cocorico ist ins Wasser gefallen.)
Ce bonhomme l'a ramassé.
(Dieser Mann hat ihn aufgehoben.)
Ce bonhomme l'a séché.
(Dieser Mann hat ihn getrocknet.)
Ce bonhomme l'a mis couché.
(Dieser Mann hat ihn schlafen gelegt.)
et ce petit coquin-là.
(Und dieser kleine Schlingel dort)
M'a tout raconté!
(hat mir alles erzählt.)
Kleinen Finger ans Ohr halten

„Cocorico" heißt übertragen etwa „Kikeriki" und ist ein Name. Beginnen Sie mit dem Daumen.

Klatsch, klatsch, klatsch

Wolfgang Hering

Klatsch, klatsch, **klatsch**,
die **Fin**ger nun ver**schränkt**.
Klatsch, klatsch, **klatsch**,
die **Fäus**te so ge**lenkt**.
Klatsch, klatsch, **klatsch**,
die **Ar**me wackeln **keck**.
Klatsch, klatsch, **klatsch**,
die **Hän**de, die sind **weg**.
Klatsch, klatsch, **klatsch**,
die **rech**te Hand nun **raus**.
Klatsch, klatsch, **klatsch**,
der **Dau**men streckt sich **aus**.
Klatsch, klatsch, **klatsch**,
den **Dau**men zuge**deckt**,
Klatsch, klatsch, **klatsch**,
die **Fin**ger lang ge**streckt**.

Frappe, frappe, frappe

Frappe, frappe, frappe,
(Klatsch, klatsch, klatsch.)
doigts croi**sés.**
(Finger gekreuzt.)
Finger beider Hände verschränken, die Handballen dreimal gegeneinander klopfen
Frappe, frappe, frappe,
poings fer**més.**
(Fäuste geballt.)
Fäuste dreimal aneinander klopfen
Frappe, frappe, frappe,
bras croi**sés.**
(Arme gekreuzt.)
Unterarme schlagen gegeneinander
Frappe, frappe, frappe,
mains ca**chées.**
(Hände verschwunden.)
Hände hinter dem Rücken verstecken
Frappe, frappe, frappe,
Hinter dem Rücken klatschen

main cach**ée.**
(Hand verschwunden.)
Eine Hand bleibt hinter dem Rücken versteckt
Frappe, frappe, frappe,
pouces levés,
(Daumen hochheben.)
Daumen der anderen Hand hochstrecken
frappe, frappe, frappe,
poings serr**és.**
(Fäuste fest geballt.)
Daumen drücken
Frappe, frappe, frappe,
doigts écar**tés.**
(Finger gespreizt.)
Finger spreizen

Die Spielidee besteht darin, jeweils dreimal zu klatschen, einen Schlag Pause zu lassen und dann eine Aktion in gleicher Länge auszuführen.

Daumen verstecken, Daumen recken

Wolfgang Hering

Daumen ver**ste**cken, **Dau**men **re**cken,
Finger **pat**schen, **Fin**ger **klat**schen.
Hände **sprei**zen, **Hän**de **kreu**zen.
sie **spie**len Rou**lette** und **ge**hen ins **Bett**.

Bei Roulette drehen sich die Hände und verschwinden danach hinter dem Rücken.

Pouces cachés, pouces levés

Pouces cach**és**, **pouces** lev**és**.
(Daumen verstecken, Daumen aufgestanden.)
Doigts crois**és**, **doigts** frapp**és**.
(Finger gekreuzt, Finger geschnipst.)
Mains ouver**tes**, **mains** fer**mées**.
(Hände offen, Hände geschlossen.)
Pe**tite** ta**pette**, pe**tite** rou**lette**.
(Kleiner Teppichklopfer, kleines Roulette.)

Herr und Frau Daumen

Wolfgang Hering

Es wohnen Herr und Frau Daumen
Daumen in der Faust einschließen
in ihrem gemütlichen Haus.
Daumen schauen zwischen Zeige- und Mittelfinger nach draußen
Draußen prasselt der Regen,
Mit den Fingern auf den Arm trommeln
sie schaun aus dem Fenster raus.
Der Regen fällt auf die Felder
Finger der anderen Hand trommeln auf den anderen Arm
und auf den Straßenasphalt.
Der Kleine hat einen Regenschirm
Kleinen Finger mit der anderen Hand als Regenschirm schützen
und läuft damit durch den Wald.

Monsieur et Madame Pouce

Monsieur et Madame Pouce sont à l'abri.
(Herr und Frau Daumen sind im Trockenen)
Ils regardent tomber la pluie.
(und sehen, wie der Regen herunterprasselt.)
La pluie tombe sur la prairie.
(Der Regen prasselt auf die Wiese.)
La pluie tombe sur la grand route.
(Der Regen prasselt auf die große Straße,)
Et le tout petit trotte sous son parapluie.
(und der ganz Kleine rennt unter seinen Regenschirm.)

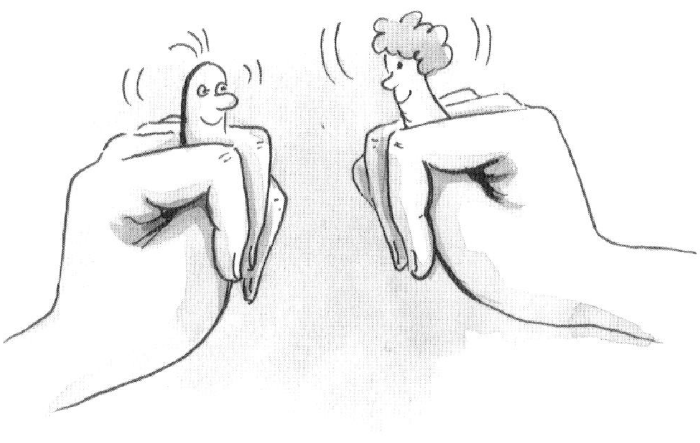

Ich habe zehn Finger

Wolfgang Hering

Ich habe zehn Finger,
sie gehören zu mir.
Ich öffne und schließe sie,
dann tanzen sie mit mir.
Sie tanzen einmal hoch
und tanzen auch am Bein.
Sie greifen ineinander
und schlafen alle ein.

J'ai dix doigts

J'ai dix doigts,
(Ich habe zehn Finger.)
ils sont tous à moi.
(Sie gehören mir.)
Je peux les ouvrir, je peux les fermer.
(Ich kann sie öffnen, ich kann sie schließen.)
Je peux les faire danser en haut.
(Ich kann sie nach oben tanzen lassen.)
Je peux les faire danser en bas.
(Ich kann sie nach unten tanzen lassen.)
Je peux les croiser.
(Ich kann sie kreuzen.)
Je peux les rassembler
(Ich kann sie wieder zusammenführen,)
Et je peux les fermer.
(und ich kann sie schließen.)

Ein Stück, das sich gut für ganz kleine Kinder eignet.

Ich habe zwei Hände

Wolfgang Hering

Ich **ha**be zwei **Hän**de,
die gewaschen **sind**.
Ich **strec**ke sie nach **vor**ne.
Sie **flat**tern leicht im **Wind**.
Ich **ma**che eine **Wen**dung
um **hun**dertachzig **Grad**.
Ich **kreu**ze beide **Ar**me,
und **fahr** mit ihnen **Rad.**
Ich **klat**sche sie zu**sam**men
und **hal**te sie ganz **tief,**
Ich **neh**me einen **Um**schlag,
ver**schic**ke sie als **Brief**.
Ich **schwim**me eine **Run**de,
di**rekt** vor meiner **Brust**.
Ich **nehm** sie auf den **Rü**cken
und **mel**de den Ver**lust**.

J'ai deux mains

J'ai deux mains.
(Ich habe zwei Hände.)
Handflächen der Hände zeigen
Elles sont propres.
(Sie sind sauber.)
Nach oben zeigen
Elles se regardent.
(Sie betrachten sich.)
In der Luft drehen
Elles se tournent le dos.
(Sie drehen sich auf die Rückseite.)
Rückseiten zeigen
Elles se croisent.
(Sie kreuzen sich.)
Kreuzen
Elles se tapent.
(Sie klatschen.)
Klatschen
Elles nagent.
(Sie schwimmen.)
Schwimmbewegungen ausführen
Elles s'envolent.
(Sie fliegen weg.)
Flatterbewegungen
Et puis elles s'en vont
(Und sind dann verschwunden)
derrière mon dos.
(hinter meinem Rücken)

Der gefangene Schmetterling

Wolfgang Hering

Du bist mein kleiner Schmetterling,
ich bau für dich ein Haus.
Ich öffne eine kleine Tür,
du kannst noch nicht hinaus.
Ich helfe noch ein wenig dir
und öffne eine zweite Tür.
Du schaust zum Licht hinauf,
es geht noch weiter auf.
Es sperrt sich auf dann hier
auch noch die letzte Tür.
Der Schmetterling fliegt fort
zu einem anderen Ort.

Hop, Hop, j'attrape un papillon
(Ich fange mir einen Schmetterling)

Hop, Hop, j'attrape un papillon.
Die Hände formen einen Hohlraum
J'ouvre une petite porte,
(Ich öffne eine kleine Tür.)
Zeigefinger klappt nach außen
une autre petite porte,
(Eine weitere kleine Tür,)
Mittelfinger löst sich
encore une porte,
(noch eine Tür,)
Ringfinger
une toute petite porte.
(eine ganz kleine Tür.)
Kleiner Finger
Oh, oh, le papillon s'est envolé.
(Oh, der Schmetterling ist weggeflogen.)

Daumen berühren sich, die anderen Finger bilden die Flügel

Die kleinen Marionetten

Nr. 13

Deutscher Text: W. Hering Musik: trad

Refrain:
Ja, so gehn, gehn, gehn sie, die kleinen Mario-netten,
ja, so gehn, gehn, gehn sie umher und bleiben stehn.

Ihre Köpfe nicken,
so begrüßen sie sich alle.
Ihre Köpfe nicken,
und sie schaun sich einmal um.
Langsam drehn sie auf der Stelle,
wacklig sind sie auf den Beinen.
Langsam drehn sie auf der Stelle
und verbeugen sich ganz tief.

Arme gehen in die Höhe,
werden immer länger.
Arme gehen in die Höhe.
Und sie hüpfen kurz mal hoch.
Und da gehen auch die Knie
Stück für Stück nach oben.
Und da gehen auch die Knie
so weit es geht hinauf.

Alle haben sie jetzt Hunger,
löffeln eine heiße Suppe.
Alle haben sie jetzt Hunger,
und sie reiben ihren Bauch.
Und dann gehen sie zusammen
Arm in Arm spazieren.
Und dann gehen sie zusammen
zu zweit oder zu dritt.

Und sie tanzen einen Walzer
durch den großen Rosengarten.
Und sie tanzen einen Walzer,
tanzen um die Blumen rum.
Und dann legen sie sich müde
einfach hin zum Schlafen.
Und dann legen sie sich müde
hin und träumen wunderschön.

Originaltext
Ainsi font, font, font,
les petites marionnettes.
Ainsi font, font, font,
trois p'tits tours et puis s'en vont.
Les poings aux côtés,
marionnettes, sautez, sautez.
Les poings aux côtés,
marionnettes recommencez.
La taille cambrée,
marionnettes, marionettes.
La taille cambrée,
marionettes dansez, dansez.
puis le front penché,
Marionettes, Marionettes,
puis le front penché,
marionettes, saluez, saluez.

Dieses weit verbreitete französische Spiellied können Sie als Finger- oder als Ganzkörperspiel gestalten. Während der Refrain gesungen wird, gehen die Marionetten im Uhrzeigersinn umher und bleiben zur Ausführung der Bewegungen in der ersten, zweiten und dritten Strophe stehen. Sie führen die Textanweisungen aus. Am Ende der dritten Strophe schließen sie sich zu zweit oder zu dritt zusammen und tanzen in der vierten Strophe einen langsamen Walzer im Dreivierteltakt.

8. Das kommt mir spanisch vor

Das Hühnerei

Wolfgang Hering

Dieser kauft ein Hühnerei.
Dieser kocht es einwandfrei.
Dieser salzt es richtig ein.
Dieser nimmt's in Augenschein.
Dieser Schelm hat es infolgedessen
ganz alleine aufgegessen.

Un Huevito

Este compró un huevito.
(Dieser hat ein Ei gekauft.)
Este le puso a asar.
(Dieser hat es gebraten.)
Este le echó la sal.
(Dieser hat es gesalzen.)
Este probó un poquito
(Dieser hat ein bisschen probiert,)
y este pícaro, gordo gordito
(und dieser Spitzbube, dieses Dickerchen,)
se lo comió todito!
(hat es aufgegessen.)

Dieses populäre spanische Fingerspiel existiert in vielen Variationen. Fangen Sie mit dem kleinen Finger an.

Die Ameise

Wolfgang Hering

Das ist eine Ameise,
die geht auf eine Reise.
Da trifft sie eine Bekannte,
die sie schon lange kannte.
Sie rennen beide im Dauerlauf
ganz schnell den Berg hinauf.
Und plötzlich regnet es dort,
so suchen sie sich einen trockenen Ort.

La Hormiguita

Andaba una hormiguita.
(Es ging eine Ameise,)
Juntando su leñita.
(die sammelte Brennholz.)
Cayó una lloviznita.
(Da begann es zu regnen.)
Y corrió y se metió en su casita.
(Sie rannte zurück in ihr Häuschen.)

Zwei Finger laufen über die zur Faust geballte andere Hand. Dann tippeln die Finger auf dem Arm, und am Ende verschwinden sie unter den Achseln.

Das sind die Bienen

Wolfgang Hering

Das sind die Bienen,
die vor dem Bienenstock dienen,
Eine Hand bewegt sich durch die Luft
den Honig dort bewachen
und Geräusche dabei machen.
Sssssssss ...
Es darf niemand fehlen,
ich will sie mal zählen:
eins, zwei, drei, vier fünf.
Finger nacheinander heben
Sssssssss, wir hören sie summen
und niemals hier verstummen.
Sssssssss ...

Las Abejas

Esta es la colmena
(Das ist der Bienenkorb,)
Donde las abejas guardan la miel buena.
(wo die Bienen den guten Honig bewachen.)
Volando salen juntitas,
(Sie fliegen zusammen auf,)
Una, dos, tres, cuatro, cinco,
(eins, zwei, drei, vier, fünf,)
bzzz – así van las abejitas.
(sssss – so summen die Bienen.)

La Boca

Una boca para comer,
(Das ist ein Mund zum Essen,)
Auf den jeweiligen Körperteil zeigen
una nariz para oler.
(eine Nase zum Riechen,)
Dos ojos para ver,
(die Augen zum Sehen,)
dos oídos para oir,
(die Ohren zum Hören,)
y una cabeza para dormir.
(den Kopf zum Schlafen.)
Kopf auf die Hände als Kopfkissen legen

Eine kürzere Fassung finden Sie nach der englischen Vorlage auf S. *68.*

Schuhmacher, zeig uns deine Arbeit

Nr. 14

Deutscher Text: Wolfgang Hering/Musik: trad.

Schuhmacher zeig, was machst du bei der Arbeit?
Schuhmacher zeig, wie klopfst du deine Schuh?
Wie klopfst du deine Schuh?
Wir schaun dir dabei zu.

Dachdecker zeig, was machst bei der Arbeit?
Dachdecker zeig, leg Ziegel auf das Dach,
leg Ziegel auf das Dach,
wirst nicht dort oben schwach.

Lehrerin zeig, was machst du bei der Arbeit?
Lehrerin, komm zeig, schreib an die Tafel an,
schreib an die Tafel an,
das Rechnen kommt dann dran.

Da kommt der Koch: Was machst du bei der Arbeit?
Da kommt der Koch, du rührst im großen Topf.
Du rührst im großen Topf,
und drehst am Ofenknopf.

Schreinerin zeig, was machst du bei der Arbeit?
Schreinerin komm zeig, du baust jetzt eine Bank,
du baust jetzt eine Bank,
danach noch einen Schrank.

Musiker zeig, was machst du bei der Arbeit?
Musiker, komm zeig, du spielst dein Instrument,
du spielst dein Instrument,
es reicht nicht nur Talent.

Nachrichtensprecher, was machst du bei der Arbeit?
Nachrichtensprecher, du sprichst in einem fort,
du sprichst in einem fort
und hast das letzte Wort. (Auf Wiedersehn).

San Serení

(Auszüge)

San Serení
de la buena, buena vida,
hacen así, así, los zapateros.
Hacen así, así, me gusta a mí.

Hacen así, así, las planchadoras ...
Hacen así, así las costureras ...
Hacen así, así los carpinteros ...
Hacen así, así los campaneros ...
Así, así, así, así me gusta a mí ...

Dieses spanische Handwerkerlied erinnert an unser „Wer will fleißige Handwerker sehn". Es beginnt der Schuhmacher, der die Nägel in die Schuhe klopft. Dann kommen Büglerinnen, Näherinnen, Zimmermann und Glockengießer.

Fünf kleine Wölfe

Wolfgang Hering

Mama **Wolf**, die **hat** fünf **Jun**ge,
Daumen ist die Mutter, die Finger der anderen Hand werden zu kleinen Wölfen
liegen **vor** uns **auf**ge**reiht**.
Finger nacheinander heben
Schwarz und **weiß**, für **je**de **Schand**tat,
sind sie **im**mer **gern** be**reit**.
Hand in der Luft drehen
Sie hält **je**des **Tier** nach **o**ben,
Mit der Hand jeden Finger greifen
vom **Ba**den **krie**gen die **nie** ge**nug**.
Planschbewegungen
Sie zeigt **ih**nen ihr **gan**zes **Kön**nen,
so **wer**den die **Klei**nen **si**cher **klug**.
An die Stirn greifen

Los Lobitos

Die Wölfe

Cinco lobitos
(Fünf Wölfe,)
tuvo la loba,
blancos y negros
(weiße und schwarze,)
detrás de la escoba.
(hinter dem Ginster.)
Cinco crió,
(Fünf hat sie aufgezogen.)
cinco cuidó
(Auf fünf hat sie aufgepasst,)
y a todos ellos solita enseñó.
(und alleine hat sie sie versorgt).

Ein rhythmisches Spiel, bei dem die Hände im Taktschlag auf- und zugehen. Helfen Sie den Kindern beim Bewegungsablauf.

Zehn kleine Hunde

Nr. 15

Deutscher Text: Wolfgang Hering, Musik: trad.

Schau, da laufen jetzt zehn Hunde,
stromern rum zu später Stunde.
Einer läuft im Schnee allein,
im Schnee allein, da bleiben:
neun Hunde, neun Hunde, neun.

Schau, da laufen jetzt neun Hunde,
stromern rum zu später Stunde.
Einer fällt in einen Schacht,
in einen Schacht, da bleiben:
acht Hunde, acht Hunde, acht.

Schau, da laufen jetzt acht Hunde,
stromern rum zu später Stunde.
Einer ist zurückgeblieben,
zurückgeblieben, da bleiben:
sieben Hunde, sieben Hunde, sieben.

Schau, da laufen sieben Hunde,
stromern rum zu später Stunde.
Einer läuft in ein Gewächs,
in ein Gewächs, da bleiben:
sechs Hunde, sechs Hunde, sechs.

Schau, da laufen jetzt sechs Hunde,
stromern rum zu später Stunde.
Einer geht ab in die Sümpf,
ab in die Sümpf, da bleiben:
fünf Hunde, fünf Hunde, fünf.

Schau, da laufen jetzt fünf Hunde,
stromern rum zu später Stunde.
Einer trink wohl zu viel Bier,
wohl zu viel Bier, da bleiben:
vier Hunde, vier Hunde, vier.

Schau, da laufen jetzt vier Hunde,
stromern rum zu später Stunde.
Einer bricht den Fuß entzwei,
den Fuß entzwei, da bleiben:
drei Hunde, drei Hunde, drei.

Schau, da laufen jetzt drei Hunde,
stromern rum zu später Stunde.
Einer springt ins Loch, auwei,
ins Loch auwei, da bleiben:
zwei Hunde, zwei Hunde, zwei.

Schau, da laufen jetzt zwei Hunde,
stromern rum zu später Stunde.
Einer läuft sich die Pfoten wund,
die Pfoten wund, es bleibt noch
ein Hund, ein Hund, Hund.

Und der letzte unsrer Hunde
trifft die Hündin Adelgunde.
Und man sieht sie zusammen gehn,
zusammen gehn, es gibt wieder
zehn Hunde, zehn Hunde, zehn.

Los diez Perritos
(Die zehn Hunde)

Yo tenía diez perritos,
(Ich hatte zehn kleine Hunde,)
yo tenía diez perritos.
Uno se cayó a la nieve;
(einer fiel in den Schnee,)
ya no me quedan más que nueve,
(blieben noch neun übrig.)
Nueve, nueve.

De los nueve que quedaban,
(Von den neun übrigen)
de los nueve que quedaban.
Uno se tragó el bizcocho;
(hat einer einen Keks verschluckt,)
ya no me quedan más que ocho,
(blieben noch acht Hunde übrig.)
Ocho, ocho.

usw.

Fünf Küken
Wolfgang Hering

Fünf Küken hat meine Tante.
Eine Hand hochstrecken
Eins kann durch die Lüfte streifen.
Hand bewegt sich durch die Luft
Eins hoch nach den Äpfeln greifen,
Greifen
und die anderen können wunderbar
Drei Finger drehen sich
ein Lied zusammen pfeifen.

Los Pollitos
(Fünf Küken)

Cinco pollitos
(Fünf Küken)
tiene mi tía;
(hat meine Tante,)
Uno le salta,
(eins springt hoch,)
otro le pía,
(eins piepst,)
y otro le canta
la sinfonía.
(und das andere singt eine Sinfonie.)

Der Blumenstrauß

Wolfgang Hering

Ich habe einen großen Blumenstrauß.
Ich denke, der sieht entzückend aus.
Er ist mit vielen Farben bunt geschmückt.
Ich hab ihn direkt auf der Wiese gepflückt.

Das ist eine Ringelblume,
sieht doch aus ganz nett.
Und das ist eine Nelke
der Farbton ist violett.
Das ist die Margerite
in Gelb und sehr viel Weiß.
Und das ist ein Veilchen
für meine Liebe als Beweis.
Hier summt auch eine Biene
um mein Handgelenk.
Ich geb dir diesen Blumenstrauß
als mein Gastgeschenk.

Un Ramillete
(Ein Strauß Blumen)

Tengo un ramillete
(Ich habe einen Strauß Blumen)
de muchos colores,
(aus vielen Farben.)
lo hice de humildes
(Ich habe ihn aus bescheidenen)
y muy limpias flores.
(und sauberen Blumen gemacht.)

Ésta es mercadela.
(Das ist eine Ringelblume,)
Y éste es un clavel;
(und das ist eine Nelke,)
Ésta es margarita.
(das ist eine Margerite,)
Nombre de mujer,
(Name einer Frau einsetzen,)
y ésta una violeta,
(und das ist ein Veilchen.)
encanto del vergel.
(Das Schönste, was mir im Garten gefällt,)
Panal menadito
(kleiner Bienenstock,)
oloroso a miel.
(es riecht nach Honig.)

Die ganze Hand ist der Blumenstrauß. Beginnen Sie bei der Ringelblume mit dem Daumen und enden Sie mit dem kleinen Finger als Biene. Sie können das Stück gut mit angemalten Fingern oder bunten Tüchern spielen.

Vier Musikanten

Wolfgang Hering

Einer spielt **Schlag**zeug: **dum**, dum, **dum**,
einer Gi**tar**re: **schrumm**, schrumm, **schrumm**.
Ein **an**drer **spielt** den **lau**ten Becken**schlag**,
die **an**dern die **Glöck**chen den **gan**zen **Tag**.

Este toca el Tambor

Este toca el tambor, pom, pom.
(Einer spielt Schlagzeug, dum, dum.)
Este la guitarra, rom, rom.
(Einer spielt Gitarre, schrumm, schrumm.)
Este los platillos, chin, chin.
(Einer spielt mit den Becken: tsching, tsching.)
Y éste la campanilla, tilín, tilín.
(Einer spielt mit den Glöckchen; klingelingeling.)

Fünf Kürbisköpfe sitzen auf dem Tor

Wolfgang Hering

Fünf Kürbisköpfe sitzen auf dem Tor.
Da streckt der erste sich empor:
„Ach, wie die Zeit so schnell vergeht,
es ist ja schon so richtig spät."
Der zweite sagt: „Schaut euch nur um,
hier fliegen sicher Hexen herum."
Der dritte sagt: „Es ist schon gut,
wir sind ja alle auf der Hut."
Dem Vierten ist nicht bang, er lacht:
„Ich fürchte mich nicht in der Nacht."
Der Fünfte jammert: „Rette sich, wer kann,
seht euch die dunkle Wolke an."
Da kommt ein Sturm, es wankt das Haus,
und alle Lichter gehen aus.
Die Kürbisse sind, vor lauter Schreck,
ganz schnell verschwunden im Versteck.

Cinco Calabacitas

Cinco calabacitas estan sentadas en un portón.
(Fünf Kürbisköpfe sitzen auf einem Eingangangstor.)
„Y se hace tarde."
(Es wird langsam spät.)
„Hay brujas en el aire."
(Es fliegen Hexen durch die Luft.)
„Pues no importa."
(Das spielt doch keine Rolle.)
„Es una noche de espantosa."
(Das ist eine Nacht des Schreckens.)
„Corremos, corremos."
(Wir laufen, wir laufen!)
U – u – u – u hace el viento.
(Uh uh ... der Wind bläst.)
Y se apagan las luces.
(Die Lichter gehen aus.)
Las cinco calabacitas
correa a esconderse.
(Die fünf Kürbisköpfe laufen weg, um sich zu verstecken.)

Das Stück passt gut zu Halloween. Beginnen Sie mit dem kleinen Finger. Am Ende verstecken sich die Hände hinter dem Rücken.

Zum Schlafengehen

Wolfgang Hering

Ein Vogel liegt in seinem Nest.
Die nach oben geöffneten Hände sind das Nest
„Piep, piep" ruft er immer steif und fest.
Zwei Finger sind der Schnabel
Die Biene hat grad einen Schock
und saust wild um den Bienenstock.
Finger fliegt um eine Faust
Der Hase wackelt mit den Ohr'n.
Wer ihn verfolgt, hat schon verlor'n.
Zwei Hände werden zu großen Ohren
Und ich, ich lieg im Mondenschein
und schlaf in meinem Bettchen ein.
Gefaltete Hände an den Kopf legen

Lugar de Reposo

(Ort zum Ausruhen)

En este nidito vive un pajarito: pío, pío, pío, pío.
(In diesem kleinen Nest lebt ein Vögelchen, piep, piep, piep, piep.)
Hände falten
La abeja se mueve en este panal: zzzzzzzzzz
(Die Biene bewegt sich in ihrem Bienenstock: ssss.)
Hände hin und her bewegen
El vivo conejo se esconde en su madriguera,
(Das freche Kaninchen versteckt sich in seinem Bau,)
Zwei Finger stellen Hasenohren dar
y yo en mi camita me voy a acostar.
(und ich, in meinem Bett, lege mich schlafen.)
Hände zusammengelegt an der Wange halten

9. Italien, Balkan und östliches Mittelmeer

Klatsch in die Hände

Wolfgang Hering

Klatsch in die **Hän**de ge**ra**dehe**raus**.
Wir **war**ten auf den **Pa**pa, der kommt **gleich** nach **Haus**.
Ich **freu** mich **drauf,** wenn er **in** die Türe **tritt**.
Er **bringt** ganz **si**cher etwas **Sü**ßes **mit**.

Batti le Manine

Originaltext aus Italien

Batti, batti le manine,
(Klatsch, klatsch in die Hände.)
che adesso vien papá.
(Papa kommt bald nach Hause.)
Ti porta i biscottini
(Er bringt dir Kekse mit.)
e (nome del bambini) li mangerá!
(– Namen des Kindes einsetzen – wird sie essen!)
Ummummummumm
Zeigefinger an der Backe drehen

Kartoffelfeuer

Wolfgang Hering

Wir **ma**chen, **gar** nicht **teu**er,
heut **ein** Kar**tof**fel**feu**er.
Ihr **müsst** jetzt **erst**mal **ren**nen.
Wir **brau**chen **Holz** zum **Bren**nen.
Ein **Hölz**chen **wird** nicht **rei**chen.
Wir **brau**chen **von** den **Glei**chen.
Zwei **glü**hen **jetzt** zu**sam**men,
das **gibt** schon **viel** mehr **Flam**men.
Drei **Hölz**chen **dann,** o**ho**,
schon **brennt** es **lich**ter**loh**.

Bolli bolli pentolino!

Originaltext aus Italien

Bolli bolli pentolino!
(Koche, koche, Töpfchen!)
Senza legna non fa fuoco,
(Ohne Brennholz gibt es kein Feuer.)
con una legna ne fa poco,
(Mit nur einem Brennholz gibt es wenig Feuer,)
con due legne un fuocherello,
(mit zwei Brennhölzern ein Feuerchen,)
con tre legne un fuoco bello!
(mit drei Brennhölzern ein schönes Feuer!)

Für dieses populäre Klatschspiel brauchen Sie drei Finger.

Da oben auf dem Berge

Wolfgang Hering

Da **o**ben auf dem **Ber**ge
gar nicht **dumm**,
da **klop**fen sieben **Zwer**ge,
bum, bum, **bum**.
Da **o**ben auf dem **Ber**ge,
mit **tie**fem **Schluck**,
da **trin**ken sieben **Zwer**ge,
gluck, gluck, **gluck**.
Da **o**ben auf dem **Ber**ge,
auf **ei**nem schönen **Platz**,
da **es**sen sieben **Zwer**ge,
schmatz, schmatz, **schmatz**.
Da **o**ben auf dem **Ber**ge,
es **klingt** ganz wunder**bar**,
da **sin**gen sieben **Zwer**ge,
tra, la, **la**.
Da **o**ben auf dem **Ber**ge
im **Mon**den**schein**,
da **schla**fen sieben **Zwer**ge
ganz **fried**lich **ein**.

Gli gnomi della montagna

(Sieben Zwerge der Berge)

Originaltext aus Italien

Lá sulla mon**tag**na
(Auf dem Gipfel eines Berges,)
bum, bum, **bum**,
bat**to**no gli **gno**mi,
(da arbeiten die sieben Zwerge.)
bum bum **bum.**
Lá sulla mon**tag**na
Zz, zz, **zz,**
segano gli gnomi,
(Die sieben Zwerge trinken.)
zz, zz, **zz.**
Lá sulla mon**tag**na
gnam, gnam, **gnam,**
man**gi**ano gli gnomi,
(Die Zwerge essen.)
gnam, gnam, **gnam.**
Lá sulla mon**tag**na,
tra la **la,**
cantano gli gnomi,
(Die Zwerge singen)
tra la **la.**
In **ci**ma la **mon**tagna
sch sch **sch**
dor**mo**no gli gnomi,
(Die Zwerge schlafen.)
sch sch **sch.**

Zunächst wird immer geklatscht und dann die jeweilige Tätigkeit ausgeführt.

Das ist das Auge

Wolfgang Hering

Das ist das Auge,
das leuchtet schön,
das ist sein Bruder,
der kann auch sehn.
Das ist der Mund,
der laut sprechen kann,
das sind die Zähne,
die klappern dann und wann.
Das ist der Kirchturm
mit den Glocken dran,
bim bam bim bam.

Questo è l'ochio bello

Originaltext aus Italien

Questo è l'ochio bello,
(Das ist das schöne Auge,)
Mit dem Finger auf ein Auge zeigen
questo è il suo fratello,
(dies ist sein Bruder,)
Auf das andere Auge zeigen
questo è la chiesina,
(das ist der Mund,)
Die Lippen berühren.
questo è il campanello
(das sind seine Brüder,)
Die Nase leicht kneifen.
e questo è il campanello
(und dies ist der Turm,)
dlin dlin, dlin dlin ...
(bim bam bim bam.)
An der Nase wackeln

Dieses einfache Fingerspiel können Sie gut mit kleinen Kindern spielen

Der Daumen sagt

Wolfgang Hering

Der Daumen sagt: „Zum Weggehen steht mir der Sinn."
Der Zeigefinger: „Ich komme mit, wo gehn wir denn hin?
Der Mittelfinger: „Wir besuchen unsere Groß-mama."
Der Ringfinger: „Sehr schön, und was machen wir da?"
Da sagt der letzte Finger, unser kleiner Knilch.
„Bei Oma gibt es Kuchen, und wir trinken alle Milch."

Palac kaže

(Der Daumen sagt)

Originaltext aus Serbien

Palac kaže: Ajde, ajde.
(Der Daumen sagt: „Komm, komm!")
Pokazalac kaže: Kuda, kuda?
(Der Zeigefinger fragt: „Wohin, wohin?")
Srednji kaže: Našoj mami.
(Der Mittelfinger antwortet: „Zu unserer Mama.")
Dosrednji pita: Da radimo, šta?
(Der Ringfinger will wissen: „Was machen wir da?")
Malić odgovara: Da pijemo mleka!
(Der kleine Finger sagt: „Um Milch zu trinken.")

Die wilden Fünf

Wolfgang Hering

Der Daumen, der will immer mehr
und dreht den Kopf oft hin und her.
Danach kommt unser Strahlemann,
der nie und nimmer lügen kann.
Der passt gerade durch die Tür
und ist ganz klar der Längste hier.
Der da ist meist ein Widerling
und gibt gern an mit seinem Ring,
und der am Schluss, ganz schwach und klein,
der kann auch mal ganz kräftig schrein.

Prsti

(Die Finger)

Originaltext aus Serbien

Prvi prst je palac.
(Der erste Finger ist der Daumen.)
Pravi radoznalac.
(Der ist ganz wissbegierig.)
Daumen in alle Richtungen drehen
Drugi pravo kaže,
(Der zweite sagt es richtig)
I nikad ne laže.
(und wird dich nie belügen.)
Mit dem Zeigefinger drohen
A srednji je treći.
(Und der Mittelfinger, der ist der dritte.)
On je ponajveći.
(Er ist auch der längste.)
Cetvrti – domali,
(Der vierte Finger ist sehr eitel.)
prstenom se hvali.
(Er hat einen Ring zum Prahlen.)
A malić je najmanji,
(Und der kleine Finger ist am kleinsten,)
najslabiji, najtanji.
(schwächsten und dünnsten.)

Bei diesem Stück dürfen zum Schluss alle einmal kurz schreien.

Klatsch, klatsch, Kuchenteig

Wolfgang Hering

Klatsch, klatsch, **Ku**chenteig,
da **o**ben hängt ein **klei**ner Zweig,
wo **mit**tendrin ein **Ap**fel strahlt,
das **sieht** so aus fast **wie** gemalt.

Da **kommt** ein Vöglein **nun** ins Bild
und **schüt**telt unsern **Zweig** ganz wild.
Die **Äp**fel fallen **rings**umher.
Die **Kin**der freun sich **alle** sehr.

Taši, taši tanana

Originaltext aus Serbien

Taši, taši tanana.
(Klatsch, klatsch, tanana.)
Evo jedna grana.
(Da ist ein kleiner Zweig.)
A na grani jabuka
(Ein Apfel hängt daran)
kao milovana.
(wie von einem Bild.)
Doleteće ptičica,
(Da kommt das Vöglein,)
ljuljnuće se grana.
(schüttelt den kleinen Zweig.)
Otpanuće jabuka.
(Der Apfel fällt dann runter.)
Dignuće je Ana.
(Die Kinder werden sich freuen.)

Im serbischen Original hat das Stück noch viele Strophen mehr und wird auch gesungen. Sie können nach der vierten Zeile eine Pause machen.

Fadenspiele

Wolfgang Hering

Ihr seid alle eingeladen,
wir fädeln mit dem Faden,
erst einmal hinein
und dann wieder heraus.
Was kommt für ein Gebilde
da wohl am Ende raus?
Wir fädeln alle weiter
und rufen: eins, zwei, drei.
Was da schließlich rauskommt,
das ist fast Zauberei.

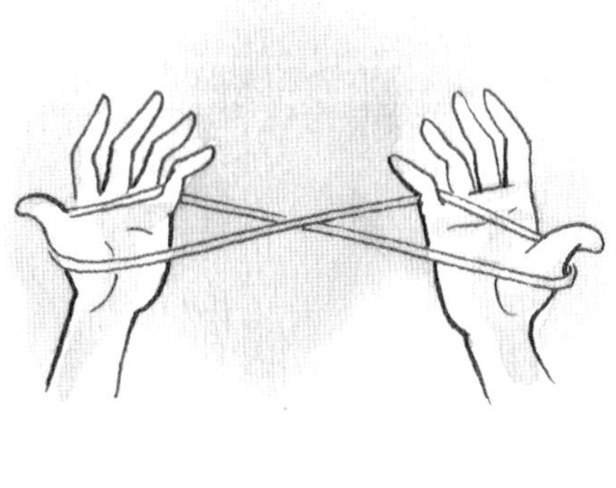

1. Die Schnur liegt um Daumen und Zeigefinger.

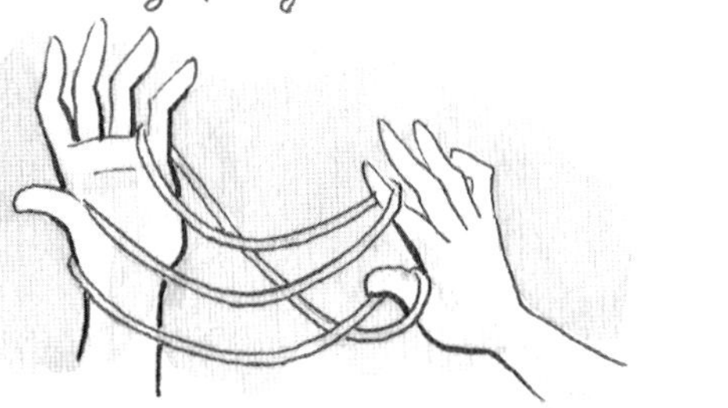

2. Mit dem rechten Zeigefinger die linke Schnur herüberholen.

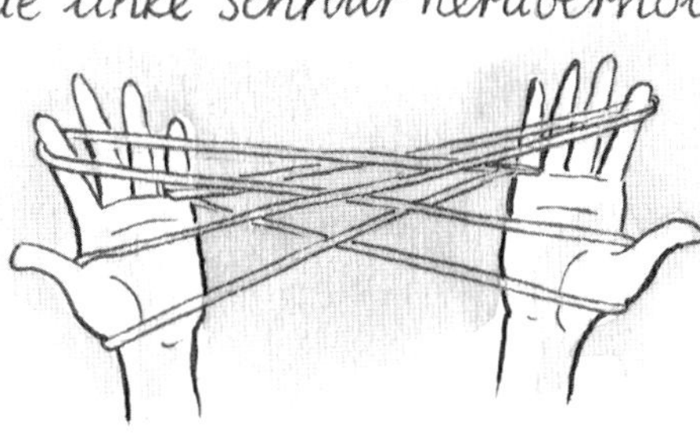

3. Mit dem Zeigefinger die rechte Schnur herüberholen.

Kolariću, paniću

Originaltext aus Serbien

Kolariću, paniću.
(Wir fädeln uns ein.)
Pletemo se samicu.
(Wir fädeln allein.)
Sami sebe uplićemo.
(Wir fädeln hinein.)
Sami sebe rasplicemo.
(Wir fädeln hinaus.)
Kolariću, paniću,
pletemo se samicu.

Das Stück aus dem ehemaligen Jugoslawien wird zum Fadenspiel gesprochen.

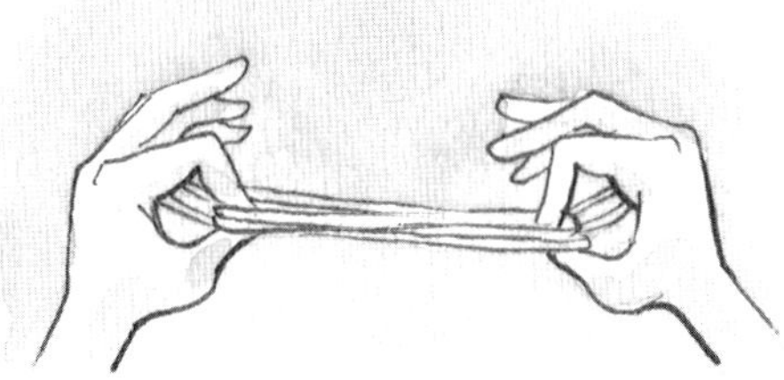

4. Die Schlingen von den Zeigefingern werden mit den Daumen übernommen.

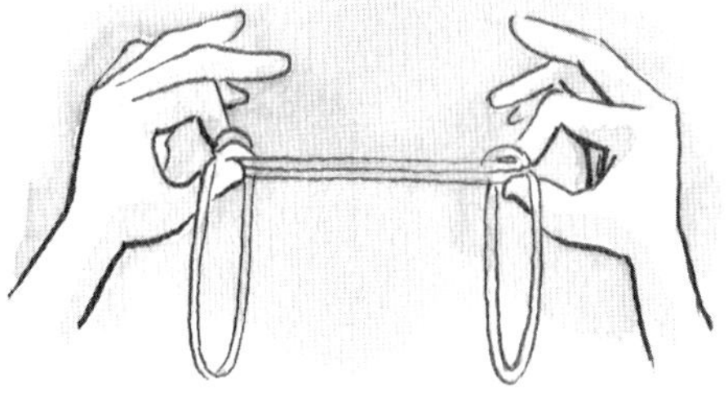

5. Die Schlingen an den kleinen Fingern fallen lassen.

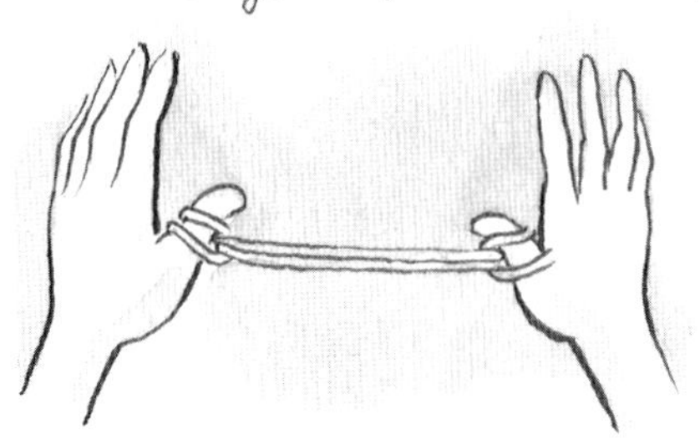

6. Beide Hände werden nach oben gedreht und auseinander gezogen.

Leise klopfen Regentropfen

Nr. 16

Deutscher Text: Wolfgang Hering/Musik: trad.

Leise klopfen Regentropfen
auf die Blätter im Wald.
Stundenlang, hört den Klang,
Regen zuhauf, und ich pass auf dich auf.

Leise klopfen Regentropfen,
wir stehn unter dem Baum.
Jedes Jahr wächst er, klar,
immer ein Stück, er hat den Überblick.

Leise klopfen Regentropfen
auf das Blätterdach,
schützt so mein Schwesterlein,
ich geb gut Acht, und sei's die ganze Nacht.

Die Finger trommeln auf die Oberschenkel (oder auf den Rücken des Nachbarn). Dann wird der Baum mit einem Arm dargestellt. In der dritten Strophe wird das Blätterdach mit beiden Armen angedeutet.

Kiša pada
Originaltext aus Serbien
(Es regnet)

Kiša pada, trava raste, gora zeleni. (2 ×)
(Es regnet, das Gras wächst, und der Wald wird grün.)

U toj gori raste drvo tanko visoko. (2 ×)
(Im Wald wächst ein Baum, schlank und groß.)

Pod njim sedi moja seja, a ja pored nje. (2 ×)
(Unter dem Baum sitzt meine Schwester, und ich pass auf sie auf.)

Mama Maus kocht einen Brei

Mama Maus kocht einen Brei
und singt dabei noch nebenbei.
Sie rührt und schaut mit ihrem Kopf
in den bunten, großen Topf.
Fünf Mäuse sind schon ganz erpicht
und warten auf das Leibgericht.
Mama holt den Brei heraus,
ein Löffelchen für die erste Maus.
Die zweite ist auch gut auf Trab
und kriegt ne große Schale ab.
Einen Teller voll mit sehr viel Brei,
gibt es dann für Nummer drei.
Die vierte Maus hat Hunger sehr,
und will gleich immer, immer mehr.
Nun ist doch wirklich, ei der Daus,
nichts mehr da für die kleine Maus.
Die Mama ruft: „Das ist ein Jammer,
lauf schnell mal in die Speisekammer.
Das macht dir sicher sehr viel Spaß,
nimm dir das Marmeladenglas."
Das Mäuschen isst, das ist der Hammer,
das Glas ganz leer dort in der Kammer.

Varila myšička kašičku
(Mama Maus kocht Haferbrei)
Originaltext aus der Slowakei

Varila myšička kašičku,
v maľovanom hrnčíčku,
(in einem farbigen Topf.)
tomu dala na lyžičku,
(Der ersten Maus gibt sie einen Löffel,)
tomu dala na mištičku,
(der zweiten Maus eine Schale,)
tomu dala na tanierik,
(der dritten Maus einen Teller,)
tomu dala na varešku.
(der vierten Maus einen Holzlöffel.)
A tomu malemu nič nedala
(Aber sie gibt nichts mehr der kleinen Maus.)
lebo už nič nemala a poslala
(Es ist nichts mehr übrig.)
ho do komôrky na lekvár.
(Sie schickt sie zur Speisekammer, dass sie etwas Marmelade isst.)

Dieses Stück wird meistens gesungen. Ein Daumen stellt Mama Maus dar; die Finger der anderen Hand übernehmen die Rollen der kleinen Mäuse. Sie können beim Aufsagen gut Requisten aus der Küche verwenden.

Grunz, grunz, grunz

„Grunz, grunz, grunz“
machen nicht Hinz und Kunz,
so reden unsre drei Schweinchen
mit ihren kurzen Beinchen.
Wir haben uns Gedanken gemacht,
und eins zum Schlachter gebracht.
Wir haben uns die Haare gerauft
und das zweite schließlich verkauft.
Das dritte, ja, das lieben wir sehr,
das geben wir sicher nicht mehr her.

Gujsa gujasa gujsa
Originaltext aus Slowenien

Gujsa gujasa gujsa,
(Grunz, grunz, grunz,)
dva debeal pujsa,
(drei dicke Schweinchen,)
enga smo zaklali
(eines haben wir geschlachtet,)
enga pa prodali
(eines haben wir verkauft,)
enga pa še imamo,
(eines haben wir noch,)
pa vam ga ne damo.
(das geben wir nicht her.)

Das überlieferte Fingerspiel ist wohl mitten aus dem Leben gegriffen. Zeigen Sie nach und nach drei Finger.

Es streunt die Katze herum
Wolfgang Hering

Es **streunt** die **Kat**ze her**um**,
doch die **Mäu**se **sind** nicht **dumm**.
Sie **pas**sen auf ihr **Schwänz**chen **auf**,
und **lau**fen rum im **Dau**er**lauf**.
Passt **auf**, dass **ihr** nicht **patzt**
und die **Kat**ze **euch** dann **kratzt**.
Ihr ver**liert**, seid **ihr** denn **blind**,
den **Schwanz**, das weiß **je**des **Kind**.

Ide maca oko tebe
Originaltext aus Kroatien

Ide maca oko tebe,
(Es geht die Katze um dich rum,)
pazi da te ne ogrebe.
(pass auf, dass sie dich nicht kratzt.)
Čuvaj mijo rep, da
(Mäuschen, pass auf deinen Schwanz auf,)
Ne budeš slijep.
(sonst wirst du blind,)
Ako budes slijep.
(und wenn du blind bist,)
Otpast će ti rep.
(dann verlierst du auch dein Schwänzchen.)

Dieses Stück ist unserem „Mäuschen, lass dich nicht erwischen“ vergleichbar. Als Kreisspiel geht es so: In der Mitte ist das Mäuschen, außen läuft die Katze herum, die die Maus fangen muss. Der Kreis schützt die Maus.

Freundschaft ist ein Schatz

Nr. 17

Deutscher Text: Wolfgang Hering/Musik: trad.

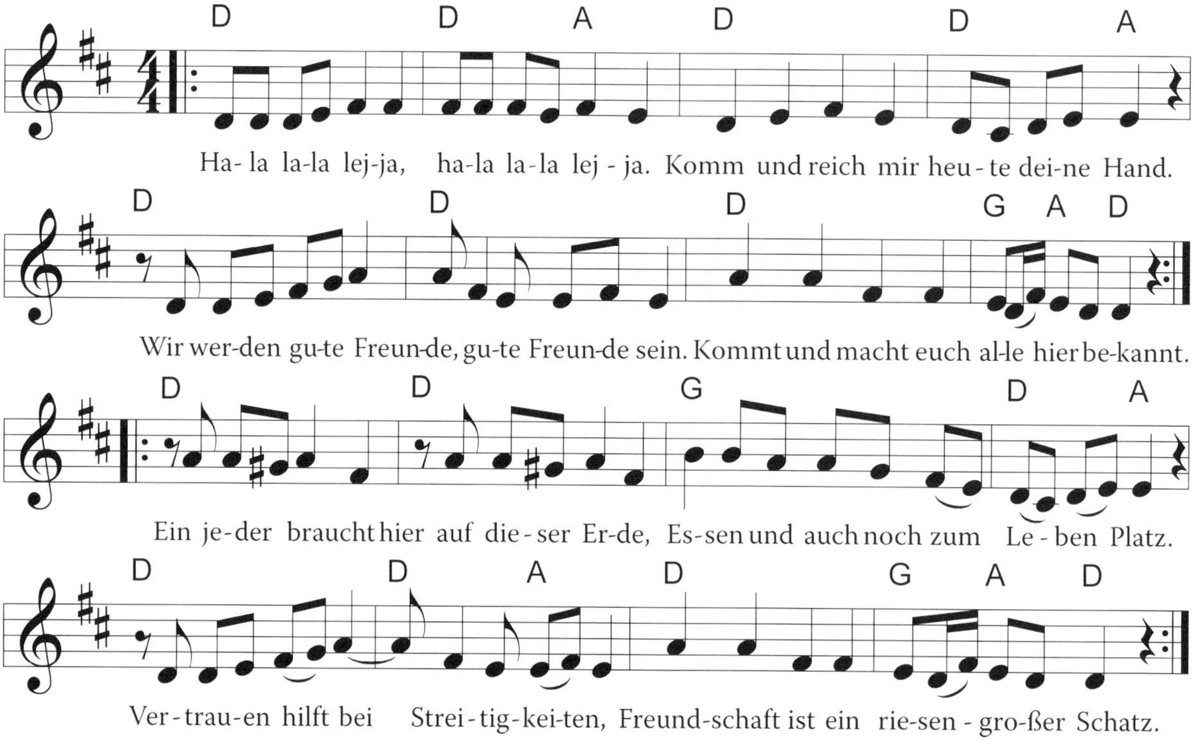

Hala lala lejja, hala lala lejja.
Komm und reich mir heute deine Hand.
Wir werden gute Freunde, gute Freunde sein.
Kommt und macht euch alle hier bekannt.

Ein jeder braucht hier auf dieser Erde,
Essen und auch noch zum Leben Platz.
Vertrauen hilft bei Streitigkeiten,
Freundschaft ist ein riesengroßer Schatz.

Arabischer Origiginaltext(in Lautschrift)
Hala lala laija, hala lala laija,
ay ni ja mulayja.
Ta bil ha wa ja hi lu,
a ma la kisch waja.

La su dir bu ei walif
wis al a la daru.

Alle reichen sich die Hände und bewegen sie rhythmisch zur Musik.

Ich bin ein Baum

Wolfgang Hering

Ich bin ein großer Baum
mit sehr viel Ästen dran.
Der Wind bläst durch die Zweige,
mal stürmisch dann und wann.
Im Frühling blüht eine Blüte,
am Anfang erst allein.
Sie können auch zu zweit
manchmal ganz gut gedeihn.
Es steigern sich die Triebe,
da stehn sie schon zu dritt,
und da macht noch ein vierter
beim Wachsen einfach mit.
Da sieht man eine Handvoll,
sie werden gut bewegt.
Es regnet, Blätter fallen
im Herbst dann unentwegt.
Im Winter wird der Baum schlank,
kein Blatt ist an ihm dran.
Und wird es wärmer, wachsen
die Blüten neu heran.

Ben bir ağacım

Originaltext aus der Türkei

Ben bir ağacım.
(Ich bin ein Baum.)
Arme nach oben strecken
Dallarım var benim.
(Ich habe Äste.)
Arme nach vorne strecken, Hände zu Fäusten ballen
Dallarım bir çiçek açtı.
Einen Finger strecken
(Meine Äste haben eine Blüte.)
Dallarım iki çiçek açtı.
(Meine Äste haben zwei Blüten.)
Zwei Finger strecken
Dallarım üç çiçek açtı.
Drei Finger strecken
Dallarım dört çiçek açtı.
Vier Finger strecken
Dallarım beş çiçek açtı.
Fünf Finger strecken
Bir rüzgar çıktı.
(Ein Wind weht.)
Arme nach rechts und links bewegen
Yağmur yağdı, şıp, şıp,
(Es regnet „dipp dipp dipp".)
Arme nach vorne strecken, Finger nach unten bewegen
Tüm çiçekler döküldü
(Alle Blüten sind abgefallen.)
Arme nach unten schwenken

Bei diesem Stück aus der Türkei stellen die Finger einer Hand die Blüten dar. Es beginnt eine Blüte, bis schließlich fünf zu sehen sind.

Ein Huhn

Wolfgang Hering

Ein Huhn ist hier untergeschlupft.
Der hat es gerupft.
Der hat es gekocht.
Der hat schon immer das Essen gemocht.
Der kommt von der Schule nach Haus.
und ruft: „Holt den Braten heraus“.

Buraya bir kuş konmuş

Originaltext aus der Türkei

Buraya bir kuş konmuş.
(Hier ist ein Vogel gelandet.)
Bu tutmuş.
(Der hat ihn gefangen.)
Bu kesmiş.
(Der hat ihn gerupft.)
Bu pişirmiş.
(Der hat ihn gekocht.)
Bu yemiş.
(Der hat ihn gegessen.)
Bu da okuldan gelmiş.
(Der kommt von der Schule nach Haus und ruft:)
“Hani bana, hani bana? demiş.
(„Wo ist mein Stück, wo ist mein Stück?“).

Die Fingerspitzen einer Hand werden auf die Handfläche der anderen Hand gedrückt. Dann werden die fünf Finger einzeln hochgestreckt.

Wir fahrn zum Bauernhof

Nr. 18

Deutscher Text: Wolfgang Hering/Musik: trad.

Wir fahrn zum Bauernhof,
eine tolle Tour
mit vielen Tieren
und reichlich viel Natur.

Kikeriki, kikeriki, kräht der Gockelhahn,
reckt den Kopf und zieht im Hof seine Bahn.

Mäh, mäh, mäh, mäh, ruft das Schaf ganz laut.
Seine Wolle ist uns vom Pullover vertraut.

Wau, wau, wau, wau, wau wau, bellt der große Hund,
streunert viel herum, er ist ein Vagabund.

Miau, Miau, ruft die Katze schrill.
saust ums Bauernhaus, weil sie ein Mäuschen will.

Ja, ja, ja, ja, Kinder kommen herbei.
Alle springen wir von oben ins Heu.

Ali Babanın çiftliği
Originaltext aus der Türkei

Ali Babanın bir çiftliği var
Çiftliğinde horozları var
Ü üürü üü diye bağırır
Çiftliğinde Ali Babanın.

Ali Babanın bir çiftliği var
Çiftliğinde kuzuları var
Mee, mee diye bağırır
Çiftliğinde Ali Babanın.

Ali Babanın bir çiftliği var
Çiftliğinde köpekleri var
Hav, hav diye bağırır
Çiftliğinde Ali Babanın.

Ali Babanın bir çiftliği var
Çiftliğinde kedileri var
Miyav,miyav diye bağırır
Çiftliğinde Ali Babanın.

Ali Babanın bir çiftliği var
Çiftliğinde inekleri var
Mö, möö diye bağırır
Çiftliğinde Ali Babanın.

Ali Babanın bir çiftliği var
Çiftliğinde çocukları var
Hey,hey diye bağırır
Çiftliğinde Ali Babanın.

Dieses Lied ist in der Türkei sehr bekannt und mit dem englischen Song „Old Mc Donald" vergleichbar. Erst wird geklatscht oder gepatscht, dann werden die Tiere dargestellt.

10. Fingerspiele aus der Ferne

Kleiner, starker Igel

Nr. 19

Deutscher Text: Wolfgang Hering/Musik: trad.

Kleiner, starker Igel,
schaut in den Wasserspiegel.
Trägt auf dem Rücken ein grünes Blatt,
zeigt dass er Kräfte hat (Whow).
Duffdi duffdi duffdi dau,
er hat Kraft, und er ist schlau.
kann sich auch mal plagen
und große Lasten tragen
Duffdi duffdi duffdi dau,
das war die große Schau.

Kleiner, starker Igel,
schaut in den Wasserspiegel.
Trägt auf dem Rücken einen Champignon,
und singt den Igelsong.

Kleiner, starker Igel,
schaut in den Wasserspiegel.
macht sich auch mal einen Jux,
trägt einen großen Fuchs.

Malen'kie joschik
(Bin ein kleiner Igel)
Originaltext aus Russland (Lautschrift)

Malen'kie joschik,
tschetvero noschek,
(mit vier Beinen,)
Na spine listok (*2. Strophe* gribok/3. lisu) njesu.
(trage auf dem Rücken ein grünes Blatt.)

Refrain:
Fuffti, fuffti fuffti fu
Na spiné listok (2. gribok/3. lisu) nesu.
(2. trage einen Pilz/3. einen Fuchs.)
Samyi silny ja ve ljesu,
(Ich bin der Stärkste im Wald.)
2. Strophe: No boyus odnu lisu.
(Nur vor dem Fuchs, da hab ich Angst.)
3. Strophe: Pobedil samu lisu, fuffti fu.
(Den Fuchs höchstpersönlich hab ich besiegt.)

Der Anfang des Refrains (Fuffti ...) ist Nonsensesprache und soll ausdrücken: Schaut mal, wie stark ich bin.

Wir woll'n uns nicht mehr schlagen

Wolfgang Hering

Wir **woll'n** uns nicht mehr **schla**gen,
und **wie**der gut ver**tra**gen.
Lass **uns** zusammen**rei**ßen,
nicht **hau**en, nicht mehr **bei**ßen.
Statt „**oweh**" heißt es juch**he**,
das **tut** auch nicht mehr **weh**.
Ein **Zie**gelstein zer**bricht**,
aber **uns**re Freundschaft **nicht**.

Druschba
(Freundschaft)
Russischer Originaltext (Lautschrift)

I bosche nje deris
a jesli budjesch dratsa
ja budu kusatza,
a kusatza ne pritschjom.
Ja udarju kirpitschom,
a kirpitsch ne nuschen
druschba
natschinajetsa.

Ein russisches Stück, das sich gut zur Versöhnung bei einem Streit eignet. Zwei Kinder stehen sich gegenüber und sind mit den kleinen Fingern eingehakt. Sie sprechen den Vers rhythmisch und bewegen dabei die Arme vor und zurück. Bei dem Wort „Druschba" (Freundschaft) schlagen Sie mit der freien Hand auf die eingehakten Finger und trennen die beiden Hände.

Brot backen

Wolfgang Hering

Wir **kne**ten hier den **Teig**,
Hände formen einen Teig
die **Hän**de sind ganz **rot**.
Wir **bac**ken das dann **spä**ter,
da**raus** wird schließlich **Brot**,
Brot zeigen
manches etwas **klei**ner,
Kleines Brot zeigen
manches richtig **groß**.
Großes Brot andeuten
Da **kom**men meine **Brü**der,
Kleinen Finger und Zeigefinger strecken
einer **klein** und einer **groß**.
Und **gleich**, da bin ich **prompt**
mein **war**mes Brot dann **los**.
Hände verschwinden hinter dem Rücken

Cepu, cepu
(Backen, backen)
Originaltext aus Lettland

Cepu, cepu,
kukulitíti
(das Brot,)
citu lielu,
(manches große,)
citu mazu,
(manches kleine.)
atnáks, mani báleliņi,
(Kommen meine Brüder,)
citi liebi,
(mancher große,)
citi mazi.
(mancher kleine.)

Kleines Rad

Wolfgang Hering

Kleines Rad, kleiner Kopf,
drehst dich grad so wie ein Knopf.
Der Hase läuft den Berg hinauf
und stoppt ganz oben seinen Lauf.
Er dreht sich um, schaut um den Baum,
da klopft es leis, man hört es kaum.
Da hat sich jemand versteckt.
Den hab ich jetzt entdeckt.

Kerekecske, gombocska
(Kleines Rad, kleiner Knopf)
Originaltext aus Ungarn

Kerekecske, gombocska,
itt szalad a nyulacska.
(das kleine Kaninchen rennt hier herum.)
Erre megyen, itt megáll,
(Hier läuft es, hier stoppt es.)
itt egy körutat csinál,
(Hier dreht es um.)
ide bújik, ide be,
(Es versteckt sich hier drinnen)
kicsi gyermek keblibe.
(in der Brust des Kindes.)

Bei diesem Stück drehen Sie Kreise im Handteller des Kindes, dann laufen sie mit den Fingern über seinen Arm, über die Schulter, über den Nacken, um den Kopf herum, landen dann auf der Brust und kitzeln das Kind.

Piep piep, kleiner Rabe,

Wolfgang Hering

Piep piep, **klei**ner **Ra**be,
ich **geb** dir **Fut**ter **hier**.
Die **O**ma **braucht** den **Kar**ren,
den **bring** ich **gleich** zu **ihr**.
Er **ist** noch **voll** mit **Hüh**nern,
ich **sitz** noch **hier** am **Busch**.
Ich **muss** die **Hüh**ner **ja**gen,
und **ru**fe: „**Husch**, husch, **husch**."

Csip, csip, csóka
(Piep, piep, Rabe)
Originaltext aus Ungarn

Csip, csip, csóka,
vak varjúcska,
(*kleine, blinde Krähe,*)
komámasszony kéreti a szekerét,
(*meine Großmutter fragt nach ihrem Karren.*)
nem adhatom oda,
(*Ich kann ihn ihr nicht geben*)
tyúkok ülnek rajta,
(*die Hühner sitzen darauf,*)
hess, hess, hess!
(husch, husch, husch.)

Tippen Sie mit Daumen und Zeigefinger die Haut des Kindes wie mit einem Schnabel an, und sprechen Sie dabei den Vers rhythmisch.

Nummer eins bis fünf

Die Nummer eins ist hier die Dicke.
Die zweite nervt auch mal als Zicke.
Die hier ist klar die Nummer drei,
und die hat einen Ring dabei.
Die Kleinste ist der größte Star.
Sie singt: Tri tra trulala!
Hände drehen und klatschen
Tri tra trulala, ich sing ganz wunderbar.
Rückwärts drehen und klatschen

Ibu Jari
(Fingerspiel)
Originaltext aus Indonesien

Ibu jari pertama.
(Der Daumen ist die Nummer eins.)
Telunjuk jari kedua.
(Der Zeigefinger die Nummer zwei.)
Yang tengah jari ketiga.
(Der Mittelfinger ist Nummer drei.)
Keempat memakai cincin.
(Der vierte Finger trägt einen Ring.)
Yang kecil jari kelinking:
(Der Kleinste singt:)
Tra-la-la-la-la-la-la-la!
Tri-li-li-li-li-li-li-li!
Tra-la-la-la-la-la-la-la!
Tri-li-li-li-li-li-li-li-li!

Mein Haus ist klein

Nr. 20

Deutscher Text: Wolfgang Hering/Musik: trad.

Mein Haus ist klein mit dem Dach aus Stroh,
und die Pflanzen im Garten, die sind farbenfroh.
Da sehen wir Gemüse, Rüben und Aubergine,
auch die Bohnen, die wachsen, und alles ist grün.

Die Kürbisse gibt es in verschiedener Art.
Die Radieschen sind rot und gedeihen ganz zart.
Dann Pilze und Knoblauch, es ist wie verhext,
schau, der Garten der breitet sich aus hier hier und wächst.

Bahay kubo

(Philippinisches Haus)

Originaltext von den Philippinen

Bahay kubo, kahit munti.
(Philippinisches Haus, auch wenn es klein ist,)
Ang halaman doon, ay sari sari.
(die Pflanzen drumrum wachsen sehr abwechslungsreich,)
Sinkamas at talong, sigarilyas at mani,
(Rüben, Auberginen, Bohnen, Nussbaum,)
sitaw, bataw, patani.
(Kichererbsen, Hyazinthengemüse, Limabohnen.)

Kundol, patola, upo't kalabasa
(Kürbis, Schwammkürbis und zwei andere Kürbisarten,)
At saka mayroon pang labanos, mustasa,
(dann gibt es noch Radieschen und Senf,)
sibuyas, kamatis, bawang at luya
(Pilze, Tomaten, Knoblauch und Ingwer)
sa paligid-ligid ay puno ng linga.
(und überall herum die Sesam-Samen.)

Die zehn Schnaken

Wolfgang Hering

Schnake eins und **Schnake zwei**
ver**fol**gen den **O**pa mit **viel** Ge**schrei**.
Schnake drei und **Schnake vier**,
fliegen **hin** und her **durch** die **Tür**.
Schnake **fünf** und **Schna**ke **sechs**
be**glei**ten **nachts** mal **ei**ne **Hex**.
Schnake **sie**ben und **Schna**ke **acht**.
haben **schon** viel **Krach** ge**macht**.
Schnake **neun** und **Schna**ke **zehn**.
stechen **O**pa im **Hand**um**drehn**.

A mosquite one

Originaltext aus Britisch Guyana (Südamerika)

A mos**qui**te **one**, a mos**qui**to **two**,
A mos**qui**to **jump** in the **old** man **shoe**.
A mos**qui**to **three**, a mos**qui**to **four**,
A mos**qui**to **o**pen the **old** man **door**.
A mos**qui**to **five**, a mos**qui**to **six**,
A mos**qui**to **pick** up the **old** man **sticks**.
A mos**qui**to **se**ven, a mos**qui**to **eight**,
A mos**qui**to **o**pen the **old** man **gate**,
A mos**qui**to **nine**, a mos**qui**to **ten**,
A mos**qui**to **bi**ting the **man** a**gain**.

Es wird jeweils bei „mosquito" auf die dritte Silbe geklatscht; außerdem werden alle Zahlen angezeigt. Zu den geraden Zeilen (2, 4, 6, 8, 10) wird die jeweilige Aktion ausgeführt: Hüpfen, mit beiden Armen Türe aufmachen, die Finger klopfen, noch mal Türe aufmachen, schließlich nach den Mücken schlagen.
Klatschen Sie im Taktschlag mit, und zeigen Sie die Zahl mit den Fingern in der Luft. Sie können statt „Schnake" auch Stechmücke sagen.

Wir klatschen hier im Kreis

Nr. 21

Deutscher Text: Wolfgang Hering/Musik: trad.

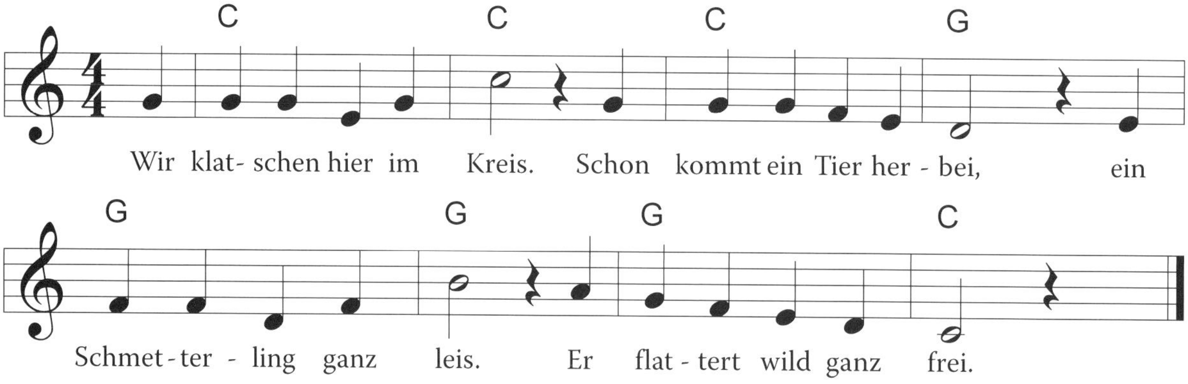

Wir klatschen hier im Kreis.
Schon kommt ein Tier herbei,
ein Schmetterling ganz leis.
Er flattert wild ganz frei.

Wir klatschen hier im Kreis,
da steht was vor dem Haus,
die Kokosmilch, ganz weiß,
die trinken wir gern aus.

Wir klatschen hier im Kreis,
fünf Äffchen hüpfen rum
im Baum mit sehr viel Fleiß,
da strahlt das Publikum.

Wir klatschen hier im Kreis,
die Mama hat zu tun.
Und wenn du trinkst, ich weiß,
dann kannst du besser ruhn.

Tepok Amai amai
(Klatsch Marienkäfer)
Originaltext aus Malaysia

Tĕpok amai amai.
Bĕlalang kupu kupu.
(Heuschrecken und Schmetterlinge.)
Tĕpok adek pandai.
(Jeder klatscht,)
Ĕmak upah susu
(Mama bringt Kokosmilch,
schwer und süß,)
Susu lĕmak manis
(die süßeste Kokosmilch)
santan Kĕlapa muda.
(von der Frucht.)
Adek jangan ménangis.
(Kleiner Bruder, schrei nicht!)
Ĕmak ada kĕrja.
(Mama hat eine
Menge Arbeit.).

Australisches Klatschspiel

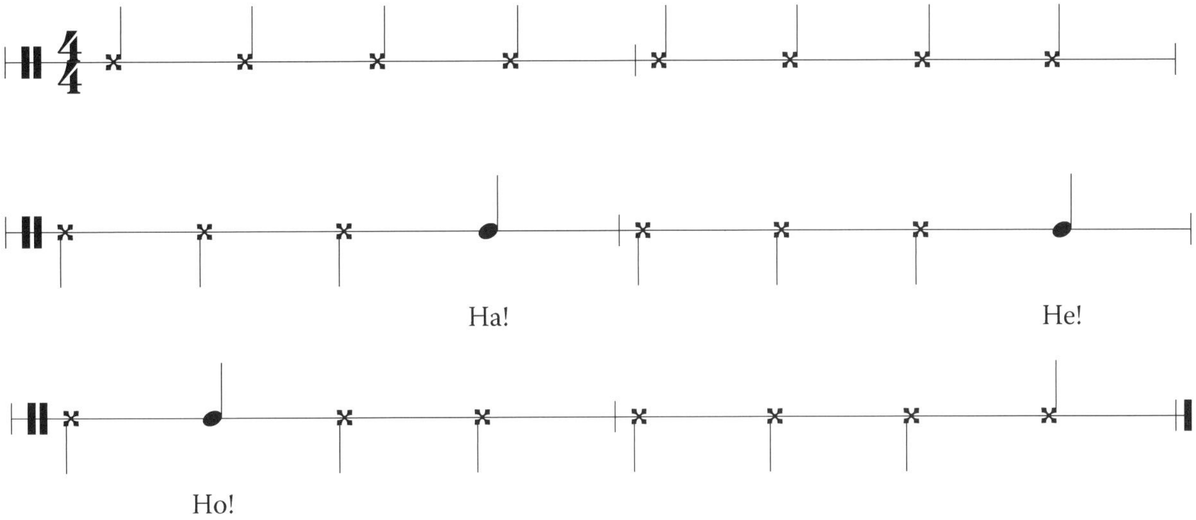

Ein Stück der Aborigines, der Ureinwohner Australiens. Alle sitzen im Kreis auf dem Boden, die Beine über Kreuz. Das Stück setzt sich aus dem Händeklatschen (die ersten beiden Takte) dem Kniepatschen (Notenhals nach unten) und den Ausrufen „Ha, he und *ho" zusammen. Bei „Ha" wird eine Bewegung mit beiden Händen, die sich von der Faust zur offenen Hand öffnen, seitlich schräg nach vorne hin ausgeführt, bei „He" zur anderen Seite (beides auf die „4" im Takt) und bei „Ho" geradeaus, diesmal auf dem zweiten Taktschlag. Der letzte Schlag ist ein Klatscher, der wieder zum Anfang hinführen soll. Zu beachten ist, dass dieser Klatscher unbetont ist.*

Kleine Schwalbe

Nr. 22

Deutscher Text: Wolfgang Hering/Musik: trad.

Kleine Schwalbe flieg,
kleine Schwalbe flieg,
ich hab dich am Himmel dort gesehn.
Du bist schön, wunderschön, wunderschön.
Frag ich einfach nun: Was hast du hier zu tun,
hier zu tun?
Und die Schwalbe dann
fängt zu reden an:
Diesen Frühling liebe ich so sehr.
In die Gegend komm ich gerne her.
Liebe Schwalbe, bleib das ganze Jahr,
ganz und gar, liebe Schwalbe, bleib das ganze
Jahr.

Die Übersetzung dieses chinesischen Liedes lautet etwa: Kleine Schwalbe, mit deinem wundervollen farbigen Kleid. Du kommst hier jeden Frühling. Ich frage dich: „Warum kommst du?“ Du sagst: Der Frühling ist hier besonders schön. Kleine Schwalbe, lass dir sagen: Dieses Jahr ist der Frühling besonders schön. Wir bauen große Fabriken und entwickeln neue Maschinen. Bitte, bleib für immer.

Das Stück ist in Pentatonik (Fünftonsatz) aufgebaut.

Felsenmeer

Text: Wolfgang Hering/Musik: trad.

Nachts im Felsenmeer,
wandern erst alleine
und dann zusammen
viele, viele Steine.

Es gibt viele schöne Lieder zum Spielen mit Steinen. Diese Melodie stammt aus dem afrikanischen Singspiel „Tatate“. Steine gibt es überall, es eignen sich aber auch andere kleine Gegenstände, z. B. Kastanien, für diese Spiele.
Alle sitzen im Kreis auf dem Fußboden. Jedes Kind hält einen Stein in der rechten Hand. Die linke Hand beschreibt einen großen Bogen, greift den Stein aus der rechten Hand, schwingt zurück und gibt ihn an den linken Nachbarn in dessen rechte Hand weiter. Gleichzeitig empfängt die rechte Hand einen Stein vom rechten Nachbarn. Sofort geht die linke Hand wieder im gleichen Bogen zurück und greift den nächsten Stein in der rechten Hand auf. Hier kommt es darauf an, dass alle Beteiligten alle Gesten ganz gleichmäßig ausführen, so dass eine fortlaufende rhythmische Bewegung entsteht.
Sie können den Text auch nur sprechen.

Kokospalmen

Nr. 23

Text: Wolfgang Hering/Musik: trad.

Kokospalmen stehn am Strand, ehohaheh.
wachsen wie von Geisterhand, , ehohaheh.
Strecken sich tief in den Sand, ehohaheh.
Warmer Wind bläst übers Land, ehohaheh.

Kokospalmen wehn im Wind, ehohaheh.
um sie tanzt so manches Kind, ehohaheh.
wiegen sich im Sturm geschwind, ehohaheh.
stehn wo Sonnenstrahlen sind, ehohaheh.

Nani wale na hala
Origianltext aus Hawaii

Nani wale na hala,
Ea, ea.
O Naue ike kai,
Ea, ea.
Ke oni a ela,
ea, ea.
Pilimai Haena,
Ea, ea.

Jeder hält jeweils ein Holzstöckchen oder ein Klangholz in der Hand. Folgende Bewegungen werden ausgeführt (siehe im Notenbild 1–7):

1. *Stäbe vor dem Gesicht überkreuzen und kurz berühren*
2. *Parallel auf den Boden klopfen*
3. *Über dem Kopf kreuzen*
4. *Die rechte Schulter mit dem rechten Stab berühren*
5. *Die linke Schulter mit dem linken Stab berühren*
6. *Viermal in einem Bogen über dem Kopf von links nach rechts klopfen*
7. *Viermal in einem Bogen über dem Kopf von rechts nach links klopfen*

Natürlich sind auch einfachere Varianten der rhythmischen Begleitung möglich.

Anhang

Literatur

Beall, Pamela Conn/Nipp, Susan Hagen: Wee Sing – Around the World, Los Angeles 1994

Brucker, Bernd: Fingerspiele, München 2004 (Heyne)

Campbell, Patricia Shehan/McCullough-Brabson, Ellen: Roots Branches, A legacy of Multicultural Music for Children, World Music Press 1994

Hering, Wolfgang: Bewegungslieder. Reinbek 2001[6] (rororo 19681)

Hering, Wolfgang: Aquaka della oma. 88 alte und neue Klatsch- und Klanggeschichten, Münster 2005[5] (Ökotopia)

Hering, Wolfgang: Kunterbunte Bewegungshits, Münster 2002 (Ökotopia)

Hering, Wolfgang: Kunterbunte Fingerspiele, Münster 2007[6] (Ökotopia)

Hering, Wolfgang: Bewegungshits von Moskau bis Marokko, Münster 2008[2] (Ökotopia)

Hering, Wolfgang/Jekic, Angelika: Musik mit den ganz Kleinen, Reinbek 2003 (rororo 61718)

Higgins, John/Shank, Brad: More Music of our World, 2005

MacGregor, Helen: Tam tam tambalay – and other Songs around the World, London 2007

Pausewang, Elfriede: Die Unzertrennlichen – das Fingerspiele-Buch, München 1999 (Don Bosco)

Pousset, Raimund: Fingerspiele und andere Kinkerlitzchen, Reinbek 2005[23] (Rororo)

Unipart: Zehn liebe Fingerzwerge – die schönsten Fingerspiele, o. J.

Wege, Brigitte vom/Wessel, Mechthild: Die schönsten Kinderspiele aus der ganzen Welt, Freiburg 2008 (Herder).

Workshop- und Konzertangebote

1. LIVEKONZERTE FÜR KINDER

Für verschiedene Altersgruppen – entweder ab 2 oder ab 4 Jahre – werden von Wolfgang Hering Livekonzerte angeboten. Die Kinder erhalten immer wieder Möglichkeiten auf und vor der Bühne mitzuwirken. Bei den kleinen Kindern werden die Eltern einbezogen. Möglich ist ein Schwerpunkt „Bewegungshits von Moskau bis Marokko". Bunte Mitmachprogramme mit vielen neuen Kinderhits.

2. WORKSHOPS & FORTBILDUNGEN

Mit verschiedenen Schwerpunkten bietet Wolfgang Hering Erzieherinnen und Lehrern Fortbildungen und Workshops an, z. B.

- Sprechstücke und Songs zum Mitmachen zu verschiedenen Themen (z. B. Winter oder Sommer)
- Bewegungslieder und Musikspiele
- Rhythmische Spielideen, Geschichten zum Mitmachen, Bewegungsgedichte und Fingerspiele
- Klatsch- und Klanggeschichten mit und ohne Instrumente
- Kinderlieder und Bewegungsspiele aus vielen Ländern

3. KONZERTE FÜR KINDER IM GRUNDSCHULALTER

Im Mittelpunkt dieses Programms stehen poppige Kinderlieder mit witzigen Texten und vielen Möglichkeiten zum Mitmachen für Kinder im Grundschulalter. Meist gibt es zwei Konzertangebote: einmal für 1. / 2. Schuljahr und dann für den 3. und 4. Jahrgang.

4. Trio KUNTERBUNT & Verstärkung

Seit 1980 schreiben, singen und spielen Wolfgang Hering und Bernd Meyerholz zusammen und produzieren Lieder für CDs, Bücher und Hörspiele. 1984 kam Schlagzeuger Bernhard Hering dazu: das Trio KUNTERBUNT war geboren. Mittlerweile spielt die Gruppe in verschiedenen Besetzungen, je nach Aufwand und Größenordnung der Veranstaltung. In der Vorweihnachtszeit gibt es das Programm: „Auf die Plätzchen, fertig, los".

6. SEMINAR- UND WORKSHOPANGEBOTE FÜR DIE ÄLTEREN

Im Rahmen z. B. von Ferienspielaktionen oder Freizeiten, bzw. Klassenstufen an weiterführenden Schulen können Projektangebote im spiel- und musikpädagogischen Bereich für Ältere abgesprochen werden.

Kontakt: *Büro Wolfgang Hering,* Walther-Rathenau-Str. 39, 64521 Groß-Gerau
Tel.: (0 61 52) 79 04, E-Mail: wolfhering@aol.com
Internet: www.wolfganghering.de (mit vielen Infos, Terminplan und Gästebuch)
Shop: www.wolfganghering-shop.de

Register der Fingerspiele und Lieder

Die Titel sind alphabetisch aufgeführt. Bei den deutschen Stücken wird der bestimmte Artikel „der, die das“ nach dem folgenden Wort eingeordnet handelt es sich um eine Übersetzung, steht der fremdsprachige Titel dahinter. Lieder sind *kursiv* gedruckt.

Deutsch

Fremdsprachen

CD-Index „Fingerspiele von fern und nah“

1. Komm, wir machen eine Reise
2. Die zehn Musikfinger
3. Alle zusammen
4. Ich bin eine Palme
5. Die kleinen Käfer
6. Zwei lange Schlangen (deutsch – türkische Fassung)
7. Fünf kleine Weihnachtsmäuse Übernahme
8. Kennt ihr den Sandmann (Dänemark)
9. Dort oben auf dem Berg (Schweiz)
10. Willibald Wumm (England)
11. Deine Ohren hängen schwer (England)
12. Der Blubberfisch (Frankreich)
13. Die kleinen Marionetten (Frankreich)
14. Handwerkerlied (Spanien)
15. Zehn kleine Hunde (Spanien)
16. Leise klopfen Regentropfen (Serbien)
17. Freundschaft ist ein Schatz (Libanon)
18. Wir fahren zum Bauernhof (Türkei)
19. Kleiner, starker Igel (Russland)
20. Mein Haus ist klein (Philippinen)
21. Wir klatschen hier im Kreis (Malaysia)
22. Kleine Schwalbe (China)
23. Kokospalmen (Hawaii)

Autor und Illustratorin

Wolfgang Hering, Diplom-Pädagoge und Musiker, ist freiberuflich im musik- und sozialpädagogischen Bereich tätig und Mitglied der bekannten Musikgruppe „Trio KUNTERBUNT“. Solokonzerte mit verschiedenen Bühnenprogrammen, Dozent an Fortbildungseinrichtungen, Referententätigkeit und Fachberatung / Fortbildung u. a. für Kindergärten, Familienbildung, Kinderturnen, themenorientierte Projekte z. B. für Krankenkassen und Deutscher Turnerbund. Beliebt sind auch Kombinationen aus thematisch orientierten Workshops und Konzert. Seine Bücher und CDs erscheinen in verschiedenen Verlagen.

Kasia Sander, geboren in Gdynia (Polen), Studium an der Kunstakademie Gdansk (Danzig), 1986 Übersiedlung nach Deutschland und Grafik-Design-Studium in Münster. Freiberufliche Buchillustratorin für Schul- und Kinderbuchverlage, Karikaturistin und Comiczeichnerin für Tageszeitungen sowie Designerin in der Modebranche. Teilnahme an mehreren Ausstellungen mit den Schwerpunkten Grafik, Zeichnung und Karikatur.

Spiele, Spiele in Gruppen, Lernspiele
Bewegungsspiele, Brettspiele, Kooperative Spiele

Der Fachverlag für gruppen- und spielpädagogische Materialien

Ökotopia Verlag und Versand

Fordern Sie unser kostenloses Programm an:

Ökotopia Verlag
Hafenweg 26a · D-48155 Münster
Tel.: (02 51) 48 19 80 · Fax: 4 81 98 29
E-Mail: info@oekotopia-verlag.de

Besuchen Sie unsere Homepage! Genießen Sie dort unsere Hörproben!

http://www.oekotopia-verlag.de und www.weltmusik-fuer-kinder.de

Sybille Günther
In Projekten spielend lernen
Grundlagen, Konzepte und Methoden für erfolgreiche Projektarbeit in Kindergarten und Grundschule

ISBN 978-3-86702-001-5

Elke Schlösser
Zusammenarbeit mit Eltern – interkulturell
Informationen und Methoden zur Kooperation mit deutschen und zugewanderten Eltern

ISBN 978-3-936286-39-7

Petra Hinderer, Martina Kroth
Kinder bei Tod und Trauer begleiten
Konkrete Hilfestellungen in Trauersituationen für Kindergarten, Grundschule und zu Hause

ISBN 978-3-936286-72-4

Michi Vogdt
Helau, Alaaf und gute Stimmung
Von Karneval bis Fassenacht: Kinder feiern mit Tröten, Masken, Kostümen und tollen Spielen

ISBN (Buch) 978-3-936286-31-1
ISBN (CD) 978-3-936286-32-8

Heidi Lindner
Bewegung mit Musik macht Kinder stark
Fantasievolle Bewegungs- und Vorführideen rund um die Hits von Rolf Zuckowski

ISBN (Buch) 978-3-86702-027-5
ISBN (CD) 978-3-86702-028-2

A. Erkert, H. Lindner
Feste feiern & gestalten rund um die Jahresuhr
Mit zahlreichen Spielaktionen, Dekorationen, Rezepten und Planungshilfen

ISBN (Buch) 978-3-936286-68-7
ISBN (CD) 978-3-936286-69-4

Sybille Günther
Lichterfeste
Spiele, Lieder, Tänze, Dekorationen und Rezepte für Feiern und Umzüge in der Lichterzeit

ISBN (Buch) 978-3-936286-66-3
ISBN (CD) 978-3-936286-67-0

Andrea Erkert
Streiten · Helfen · Freunde sein
Spiele, Lieder und anregende Angebote zur Förderung von Toleranz, emotionaler und sozialer Kompetenz in Kindergarten und Grundschule

ISBN (Buch) 978-3-86702-095-4
Gewalt ist blöd! CD
ISBN (CD) 978-3-86702-096-1

Ursula Salbert
Das Körper-Entdeckungsbuch
Vielfältige Spiele, Experimente, Geschichten und kindgerechte Infos zur Entwicklung des Körper- und Gesundheitsbewusstseins

ISBN 978-3-86702-032-9

C. Grüger, S. Weyhe
Kinder in Bewegung mit Natur-Motorik
Naturprozesse durch Bewegung erleben und verstehen – für Aktionen drinnen und draußen in Kiga, Hort und Grundschule

ISBN (Buch) 978-3-86702-012-1

Sybille Günther
Kinder, wir feiern Geburtstag
150 verspielte Ideen für gelungene Geburtstagsfeste

ISBN (Buch) 978-3-86702-023-7

R. Bestle-Körfer, A. Stollenwerk
Sinneswerkstatt Landart
Naturkunst für Kinder

ISBN 978-3-86702-074-9